Hannah Willemsen

Zyklus Balance

Wie du mit Female Food dein Potenzial ausschöpfst

ZS

Inhalt

ENTDECKE DEINEN

Female Flow

Der weibliche Zyklus beeinflusst uns auf vielfältige Art und Weise.
In diesem Kapitel geht es um die Grundlagen:
wie ein typischer Zyklus aussieht, was er im Körper bewirkt und
welche Hormone dabei im Spiel sind.

Du bist eine Frau, und das ist ganz wunderbar!

Es gehört zu meiner täglichen Arbeit, mit Frauen über ihren Zyklus zu sprechen und ihnen dabei zu helfen, einen natürlichen Zyklus ohne Beschwerden zu haben. Umso intensiver wir uns mit unserem Körper und dem Zyklus befassen, desto mehr lernen wir über uns und können Einfluss auf unser Wohlbefinden nehmen. Es ist jedes Mal aufs Neue schön, diese Veränderung bei den Frauen zu beobachten. Deswegen liebe ich, was ich tue!

DIE VIER ZYKLUSPHASEN UND IHRE POTENZIALE

„Du bist eine Frau, und das ist ganz wunderbar!" Gerne würde ich diesen Satz, den ich als Überschrift für das Kapitel gewählt habe, einfach so stehen lassen, aber leider sehen wir Frauen oft nicht das riesengroße Potenzial, das in unserer Weiblichkeit steckt. Du bist eine Frau – ein zyklisches Wesen – und die Natur hat dir eine Superpower geschenkt, die du nutzen darfst und solltest.

Wir Frauen neigen oft dazu, unseren Zyklus zu verteufeln und uns durch ihn schwach, verletzlich, fremdgesteuert und weniger leistungsfähig als Männer zu fühlen. Ich möchte dich ermutigen, deine Weiblichkeit – deinen Zyklus – als etwas Besonderes wahrzunehmen und in jeder Lebenslage für dich zu nutzen. Dein Zyklus hat täglich Einfluss auf dein Wohlbefinden, sowohl physisch als auch psychisch. Er beeinflusst dein Energielevel, deine Stimmung, deine Leistungsfähigkeit, dein Gewicht, deinen Schlaf und er ist essenziell, sofern ein Kinderwunsch besteht. Dein Zyklus ist Teil deiner Persönlichkeit – zusammen funktioniert ihr am besten. Sobald du gegen ihn arbeitest, wird sich das in körperlichen und mentalen Symptomen zeigen. Ein sehr gutes Beispiel dafür ist das Prämenstruelle Syndrom (PMS). Wenn du jedoch im Einklang mit deinem Zyklus lebst, wird sich das positiv auf alle Lebensbereiche auswirken.

WAS IST PMS?

Die Bezeichnung PMS – kurz für Prämenstruelles Syndrom – steht für körperliche und psychische Symptome, die im Zeitraum von zwei Wochen vor der Periode bis ein bis zwei Tage nach Beginn der Periode auftreten.

Die Symptome sind sehr vielfältig und individuell. Dazu gehören unter anderem Stimmungsschwankungen, Gereiztheit, Schlafstörungen, Kopfschmerzen, depressive Verstimmungen, Heißhunger, schmerzende Brüste, Rückenschmerzen, Unterleibsschmerzen und Ängste.

Der Zyklus ist etwas Natürliches

Um im Einklang mit deinem Zyklus zu leben, ist es wichtig zu verstehen, was in deinem Körper jeden Monat vor sich geht. Dieses Körperverständnis ist in meinen Augen essenziell, um zyklisch gesund zu leben. Genau das wird uns als junges Mädchen nicht beigebracht. Im

Gegenteil, wir lernen schon in jungen Jahren, gegen unseren Zyklus zu arbeiten, nicht über ihn zu reden und das Thema Menstruation zu tabuisieren. Ich kann mich noch gut daran erinnern, wie wir uns heimlich den Tampon unter dem Tisch zugesteckt haben, wenn wir in der Schule unsere Periode bekommen haben. Oder wie ich beim Basketballtraining, aus Angst, man könnte etwas sehen, eine extra Shorts unter meiner Sporthose getragen habe. Später habe ich meine Tampons im Bad versteckt, da ich nicht wollte, dass mein Freund sie sieht.
Anstatt Stolz löst die Menstruation und alles, was dazugehört, Scham aus. Vielleicht kommen dir ja diese Sprüche und Gedanken auch bekannt vor: „Na, hast du wieder deine Tage?“, „Spielen die Hormone wieder verrückt?“, „Ich wünschte, ich wäre ein Mann, dann hätte ich diese Probleme nicht!“
Das Problem: Wir (eigentlich die ganze Gesellschaft) machen den weiblichen Zyklus mit seinen Hormonschwankungen dafür verantwortlich, dass es uns nicht gut geht, dass wir Stimmungsschwankungen und Schmerzen haben. Fakt ist aber, dass diese Hormonschwankungen etwas ganz Natürliches

DIE VIER PHASEN DES WEIBLICHEN ZYKLUS

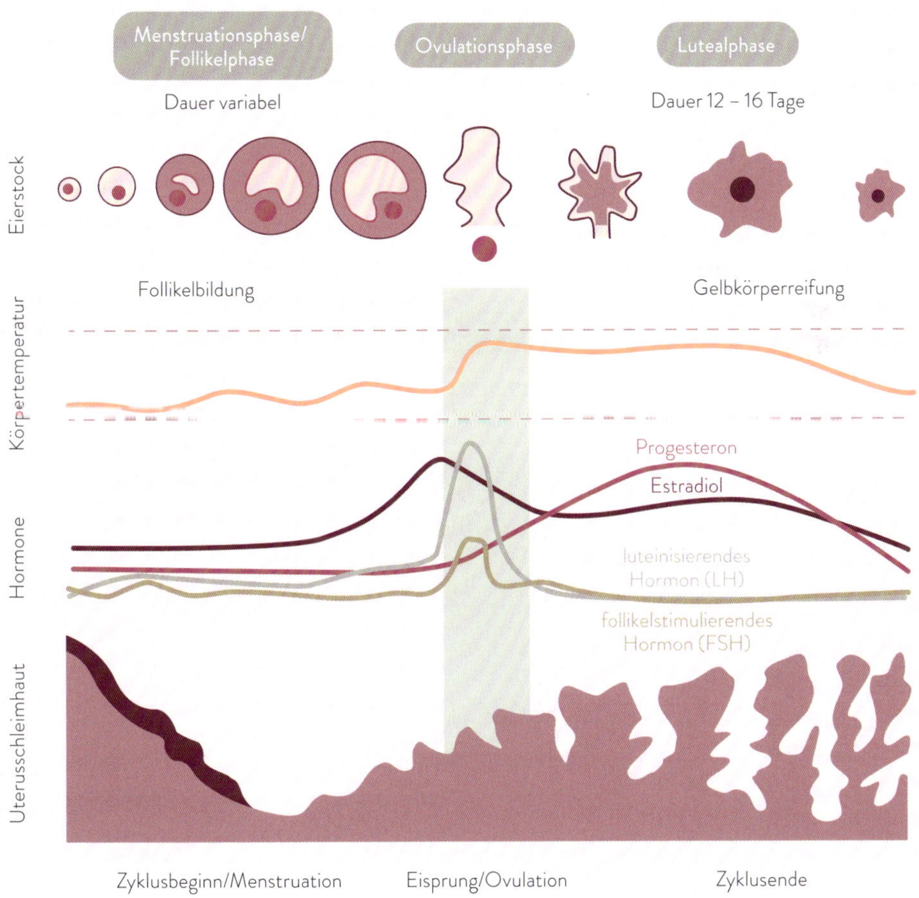

innerhalb des weiblichen Zyklus sind. Diese Schwankungen sehen bei jeder Frau gleich aus und folgen demselben Muster (wie genau das aussieht, zeige ich dir im nächsten Kapitel). Ja, sie beeinflussen uns auch, lösen aber nur selten Symptome aus. Erst wenn unsere Hormone nicht mehr in Balance sind und nicht dem normalen Muster folgen, zum Beispiel aufgrund von ungesunder Ernährung, Umweltgiften, zu wenig Schlaf, zu viel Sport oder zu viel Stress, werden Symptome wie Stimmungsschwankungen, Heißhunger und Co. ausgelöst.
Mit diesen Symptomen sagt uns unser Körper, dass etwas nicht in Ordnung ist.
Die Schulmedizin hat genau eine Lösung dafür: die Pille. Diese behandelt allerdings lediglich die Symptome und setzt nicht an der Ursache an. Die Pille macht langfristig sogar alles noch viel schlimmer (mehr dazu ab Seite 65).
Es gibt eine viel bessere Lösung: Lerne die Signale deines Körpers lesen und gib ihm das, was er braucht.
Klingt einfach – und das ist es auch! Die Veränderungen von Kleinigkeiten im Alltag bringen dich zum Ziel. Welche das sind, werde ich dir in diesem Buch erklären. Neben ganz viel Wissen, Tipps und Tricks möchte ich dir aber vor allem das mitgeben: Du darfst deinem Körper vertrauen. Er ist immer auf deiner Seite! Es gibt einen Weg, im Einklang mit deinem Zyklus ohne Beschwerden zu leben – auch für dich!

Zykluswissen als Basis

Dein Zyklus verläuft in vier Phasen. Diese vier Phasen unterscheiden sich in ihren Hormonleveln und Stoffwechselprozessen. In jeder Phase hat unser Körper andere Bedürfnisse, das bedeutet für dich, dass du deinen Körper in jeder Phase unterschiedlich unterstützen kannst, damit du dich besser fühlst und dein Potenzial entfalten kannst.

Du kannst dir dein Hormonsystem wie ein komplexes Konstrukt aus unterschiedlichen Hormonen und Neurotransmittern vorstellen. Sie beeinflussen sich gegenseitig und haben genau genommen ein Ziel: die Schwangerschaft. Wird das Ziel nicht erreicht, geht es wieder von vorn los, sodass wir Frauen regelmäßig die vier Zyklusphasen durchlaufen.
Ein Zyklus hat immer einen Start und ein Ende (siehe Abbildung auf Seite 7). Nach der Schulmedizin startet der Menstruationszyklus mit Beginn der Periode, also der Menstruationsphase. Ich persönlich sehe die Menstruationsphase eher als Abschluss, vor allem, wenn ich mir die Funktionen der einzelnen Zyklusphasen anschaue. Da aber alle Berechnungen der Zykluslänge mit der Menstruationsphase starten, bleiben wir auch in diesem Buch dabei.

KLEINES LEXIKON DER HORMONE

Im weiteren Text werde ich immer wieder von den verschiedenen Hormonen sprechen. Damit du weißt, worum es geht, findest du hier eine Übersicht über alle für uns wichtigen Hormone und ihre Funktionen.

Zusammenspiel der Hormone

Cortisol und Insulin sind die Basis von allen Hormonen. Sie sind für uns überlebensnotwendig und haben für unseren Körper immer Priorität. Wenn Cortisol und Insulin nicht in Balance sind, dann hat dies Einfluss auf alle anderen Hormone in unserem Körper und somit auch auf den Menstruationszyklus. (Unser Körper wird immer dafür sorgen, dass Cortisol und Insulin in ausreichenden Mengen zur Verfügung stehen, und alle anderen Hormone zweitrangig betrachten.) Dieses Zusammenspiel zu verstehen, ist eine der Grundvoraussetzungen, um im Einklang mit dem Zyklus zu leben.

HORMON	PRODUKTIONSORT	FUNKTION
Follikelstimulierendes Hormon (FSH)	Hypophyse (Hirnanhangsdrüse)	Stimuliert das Wachstum und die Reifung der Follikel in den Eierstöcken; unterstützt die Produktion von Östrogen in den Follikeln
Luteinisierendes Hormon (LH)	Hypophyse (Hirnanhangsdrüse)	Stimuliert das Wachstum und die Reifung der Follikel in den Eierstöcken; löst den Eisprung aus
Progesteron (Gelbkörperhormon)	Nach dem Eisprung in den Eierstöcken bzw. in den Gelbkörpern der Eierstöcke; während der Schwangerschaft in großen Mengen in der Plazenta	Bereitet die Gebärmutterschleimhaut auf eine mögliche Schwangerschaft vor, indem es deren Dicke und Durchblutung erhöht
Östrogen: Östradiol, Östron und Östriol	Hauptsächlich in den Eierstöcken; aber auch in den Nebennieren, im Fettgewebe und im Falle einer Schwangerschaft in der Plazenta	Regt die Gebärmutterschleimhaut an, sich zu verdichten; ist auch für die Ausbildung der weiblichen Geschlechtsorgane in der Pubertät verantwortlich
Testosteron (männliches Sexualhormon)	In geringen Mengen in den Eierstöcken, Nebennieren und dem Fettgewebe	Hat Einfluss auf die Libido, den Energiestoffwechsel, Haut und Haare und auf die Fruchtbarkeit
Cortisol (Stresshormon)	Nebennierenrinde	Zwar kein Geschlechtshormon, aber extrem wichtig, da es den Zyklus stark beeinflussen kann; sorgt dafür, dass Glukose freigesetzt wird, sodass wir bei Bedrohung reagieren können
Insulin	Betazellen der Bauchspeicheldrüse	Kein Geschlechtshormon; reguliert den Blutzuckerspiegel, sorgt also dafür, dass durch Cortisol freigesetzte Glukose in die Zellen transportiert wird

Insulin

In den unterschiedlichen Zyklusphasen verstoffwechseln wir Lebensmittel unterschiedlich, vor allem Kohlenhydrate. Dies hat Einfluss auf unseren Blutzuckerspiegel und die Ausschüttung von Insulin. Wie genau der Blutzuckerspiegel im Körper funktioniert, erkläre ich auf Seite 15 f.

Cortisol

Für die Produktion von Cortisol wird unter anderem Progesteron benötigt. Dieses Zusammenspiel ist in der Lutealphase sehr wichtig. Ich gehe später in den einzelnen Zyklusphasen noch mal genauer darauf ein, möchte aber hier an dieser Stelle schon deutlich machen, wie wichtig es ist, solche Zusammenhänge und somit den eigenen Körper zu verstehen.

DEINE VIER ZYKLUSPHASEN

Die vier Phasen deines Zyklus sind die Menstruationsphase, die Follikelphase, die Ovulationsphase und die Lutealphase.

Zyklusphase 1 – Menstruationsphase

Der erste Tag deines Zyklus ist der Tag, an dem deine Periode startet. Du bekommst sie nur, falls keine Befruchtung der Eizelle stattgefunden hat, wenn du also nicht schwanger bist. Kurz vor Beginn der Periode sinken sowohl dein Östrogenspiegel als auch dein Progesteronspiegel. Dies hat zur Folge, dass die Gebärmutterschleimhaut sich abbaut und abgestoßen wird. Die Muskeln der Gebärmutter ziehen sich in unregelmäßigen Abständen zusammen und entspannen sich wieder. Dadurch kann sich die Schleimhaut von der Gebärmutterwand lösen.

Zyklusphase 2 – Follikelphase

Die Follikelphase beginnt mit dem Eintritt der Menstruation und dauert bis zum Eisprung, sie kann also in eine menstruierende Phase (die ich gerade beschrieben habe) und eine nicht-menstruierende Phase geteilt werden. Die beiden Phasen unterscheiden sich sowohl in Bezug auf das Hormonlevel wie auch auf unser körperliches Wohlbefinden, daher betrachte ich sie getrennt voneinander.
Wenn jedoch deine Periode etwas länger dauert, kann es sein, dass sich die beiden Phasen überschneiden und die Hormone bereits in den letzten Tagen der Periode ansteigen.
Die Follikelphase ist die Reifungsphase der Eibläschen (Follikel) und der Eizellen, die sich darin befinden. Als Reaktion auf den niedrigen Östrogen- und Progesteronspiegel – also wenn du deine Periode hast – wird das follikelstimulierende Hormon (FSH) gebildet. Dies lässt die Follikel in den Eierstöcken wachsen, dadurch wird Östrogen produziert. Durch das ansteigende Östrogenlevel wird die Gebärmutterschleimhaut dicker, um sich auf die Einnistung einer befruchteten Eizelle vorzubereiten.
Sobald ein bestimmtes Östrogenlevel erreicht ist, sinkt der FSH-Spiegel wieder.

Zyklusphase 3 – Ovulationsphase

Die Ovulationsphase ist die kürzeste Phase in unserem Zyklus und dauert ca. drei bis vier Tage. Im Durchschnitt startet sie an Tag 12 bis 14 des Zyklus, bei einem regelmäßigen 28-Tage-Zyklus also etwa in der Mitte. Das Östrogen steigt weiterhin an und es kommt zu einem Switch in der Hypophyse: FSH nimmt ab und das luteinisierende Hormon (LH) wird ausgeschüttet und löst den Eisprung aus. Die Gewinner-Eizelle (es reifen nämlich mehrere an – aber nur eine macht das Rennen) erreicht ihre volle Reife und wird freigesetzt. In dieser Phase passiert auf hormoneller Ebene also extrem viel! Die Eizelle überlebt ca. 12 bis 24 Stunden und kann auf ihrem Weg durch den Eileiter befruchtet werden.

Zyklusphase 4 – Lutealphase

Diese Phase wird auch Gelbkörperphase genannt, sie startet, wenn die Eizelle freigesetzt wurde, und dauert durchschnittlich 11 bis 17 Tage. Die Eizelle hinterlässt im Eierstock ihre Hülle, den Gelbkörper, der wiederum anfängt, das Gelbkörperhormon Progesteron zu produzieren, um die Gebärmutterschleimhaut optimal für die Aufnahme einer befruchteten Eizelle vorzubereiten. Das Progesteronlevel bleibt über die gesamte Lutealphase hoch, während das Östrogen nach dem Eisprung weiterhin fällt und dann parallel mit dem Progesteron wieder leicht steigt. Dies ist auch die berühmte PMS-Phase. Wenn es zu keiner Befruchtung gekommen ist, fallen sowohl Östrogen als auch Progesteron ab. Dies sorgt dafür, dass sich die Gebärmutterschleimhaut abbaut. Es kommt zur Blutung und der Zyklus beginnt von vorne.

Ein komplexes System

Das war nur ein kurzer Einblick in das, was in deinem Zyklus passiert, wenn er in Balance ist. Ist es nicht wunderbar, was dein Körper alles leistet? Und das meiste bekommen wir gar nicht mit. Vielleicht kannst du jetzt auch nachvollziehen, dass jede kleinste Störung des Systems dazu führen kann, dass wir uns mit unserem Zyklus nicht wohlfühlen. Aber auch wenn unser Zyklus so komplex ist, heißt das nicht, dass es schwierig ist, ihn zu unterstützen. Wie es dir gelingt, erfährst du in diesem Buch.

VON DER PUBERTÄT BIS ZU DEN WECHSELJAHREN

Unser Zyklus verändert sich im Laufe unseres Lebens. Diese Veränderungen werden von unseren Hormonen gesteuert und durch viele verschiedene Faktoren beeinflusst: unser Alter, unsere Ernährung, unsere Gesundheit und auch unsere Gene.

Pubertät: die erste Periode

Die erste Erfahrung mit unserem Zyklus machen wir im Teenageralter. Unser Körper bereitet sich auf die Fortpflanzung vor, wir werden vom Mädchen zur Frau. Bereits vor der ersten Periode sind körperliche Veränderungen zu erkennen. Unsere Brüste fangen an zu wachsen und wir bekommen eine Schambehaarung.
Aus meiner Sicht wäre es spätestens zu diesem Zeitpunkt wichtig, unsere Töchter aufzuklären. Wir sollten ihnen nicht nur erklären, dass bald die Periode kommt, sondern auch, was ab diesem Zeitpunkt in ihrem Körper Monat für Monat passiert. In meinen Workshops mit jungen Mädchen sehe ich immer wieder, dass viele ihre Regelblutung für den Zyklus halten. Dabei ist unser Zyklus doch so viel mehr.
Die erste Menstruation tritt in der Regel zwischen dem 10. und 16. Lebensjahr ein und ist am Anfang oft noch unregelmäßig. Bis zum 20. Lebensjahr hat sich der Zyklus bei den meisten stabilisiert.

Schwangerschaft: hormonelle Veränderungen

Mit einer Schwangerschaft verändern sich unsere Hormone erneut enorm. Unser normaler Menstruationszyklus stoppt und der Schwangerschaftszyklus startet. Auch er wird von den Hormonen Progesteron und Östrogen gesteuert.
Östrogen steigt während der Schwangerschaft stark an. Es wird hauptsächlich in der Plazenta produziert und ist an einer Vielzahl von Prozessen beteiligt: Das Hormon fördert das Wachstum der Gebärmutter, erhöht die Durchblutung des Uterus und der Plazenta, unterstützt die Entwicklung der Brustdrüsen und beeinflusst die Elastizität der Bänder und des Bindegewebes. Progesteron ist ein Schlüsselhormon für die Aufrechterhaltung der Schwangerschaft. Es

SO BEGINNT EIN SCHWANGERSCHAFTSZYKLUS

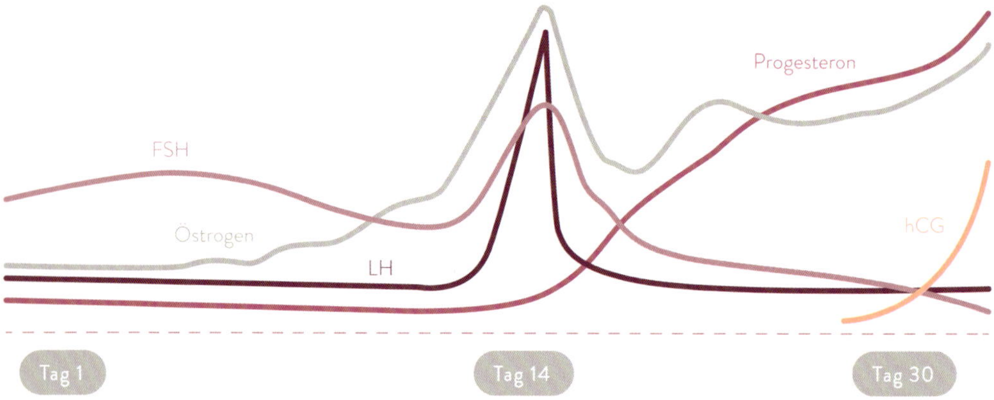

Wenn die Eizelle befruchtet wurde und sich in der Gebärmutter eingenistet hat, wird der leere Follikel durch die steigende Konzentration des Schwangerschaftshormons (humanes Choriongonadotropin; hCG) erhalten. Es wird weiterhin Östrogen und Progesteron produziert, bis die Plazenta den sich entwickelnden Embryo mit Nährstoffen versorgen kann.

hilft, die Gebärmutterschleimhaut aufzubauen und zu erhalten, um die Einnistung und Entwicklung des Embryos zu unterstützen.

Perimenopause: Übergang in die Menopause

Die nächste bedeutende Phase mit den unterschiedlichsten Veränderungen ist die Perimenopause. Von dieser Phase haben viele Frauen noch nie etwas gehört, es handelt sich dabei um die Übergangsphase zwischen dem gebärfähigen Alter und der Menopause. Die Perimenopause startet in der Regel, wenn wir Mitte 40 sind, und kann sehr lange andauern – bis zu zehn Jahre. Der Menstruationszyklus wird unregelmäßig und Symptome wie Hitzewallungen, Schlafstörungen, Stimmungsschwankungen und auch Gewichtszunahme können auftreten. Das liegt daran, dass die Funktion der Eierstöcke langsam abnimmt und unsere Hormonspiegel sinken. Durch die hormonellen Veränderungen kann es auch zu einer Verringerung der Knochenmasse kommen.

Menopause: Ende der Regelblutung

Um das 50. Lebensjahr herum tritt meist die Menopause ein: Das ist der Zeitpunkt der letzten Regelblutung, er wird rückblickend bestimmt, wenn zwölf Monate lang keine Blutung aufgetreten ist. Die Funktion der Eierstöcke stoppt, sodass es zu einem dauerhaften Ende des Menstruationszyklus kommt.

Postmenopause

Die letzte Phase ist die Postmenopause. Wir können nicht mehr schwanger werden. Diese Phase dauert rund zehn Jahre und endet in der Regel im Alter zwischen 60 und 65 Jahren.

All diese Phasen zusammen werden als Wechseljahre bezeichnet – der Übergang vom gebärfähigen bis zum höheren Alter. Dein Zyklus verändert sich also auch im Laufe deines Lebens. Umso besser wir uns um unseren Zyklus kümmern, desto beschwerdefreier werden wir auch die Wechseljahre erleben.

Female Food

Wie oben erwähnt, wird unser Zyklus von verschiedenen Faktoren beeinflusst. Den Faktor, den du selbst beeinflussen kannst und der die Basis für einen gesunden Zyklus bildet, ist deine Ernährung.

WIE RICHTIGE ERNÄHRUNG DEINE ZYKLUSENERGIE STÄRKT

Wir erwarten von unserem Körper, dass er alles macht, was wir wollen, und das zu 100 Prozent. Dabei vergessen wir oft, dass er dafür Energie und Nährstoffe braucht, und die müssen wir ihm liefern. Es liegt also an uns, unseren Körper über die Nahrung optimal mit den Nährstoffen zu versorgen, die er braucht, um einwandfrei zu funktionieren.

Darüber hinaus kann unsere Ernährung auf vielen Ebenen unseren Zyklus unterstützen. So fördern bestimmte Nährstoffe sowohl die Produktion von Östrogen und Progesteron als auch die Ausscheidung dieser Hormone. Wie wir unsere Mahlzeiten gestalten, hat nicht nur Auswirkungen auf die Nährstoffaufnahme, sondern auch auf unseren Blutzuckerspiegel. Ich zeige dir hier, wie eine hormonfreundliche Ernährung aussehen sollte. Wenn du das umsetzt, wirst du bereits die ersten positiven Veränderungen spüren. Im Laufe des Buches werde ich bei der Beschreibung der einzelnen Zyklusphasen spezifischer darauf eingehen, was dein Körper in der jeweiligen Phase braucht. Wir passen das Modell also in jeder Zyklusphase den Bedürfnissen des Körpers an.

HORMONFREUNDLICHE ERNÄHRUNG

Als kleine Hilfestellung für die Zubereitung von hormonfreundlichen Mahlzeiten nutze ich gerne das Tellermodell.

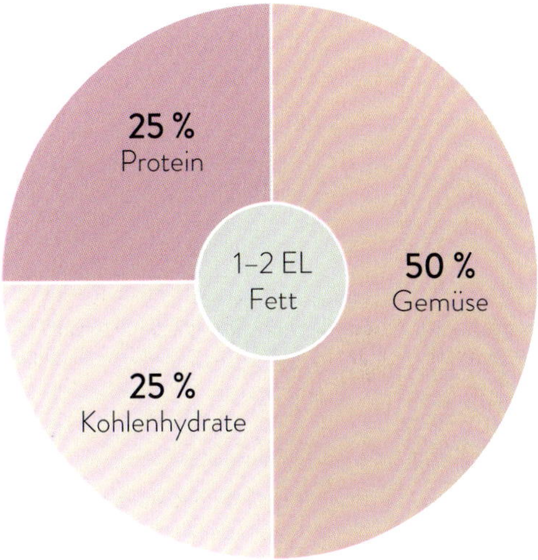

Das Tellermodell zeigt anschaulich, wie eine Mahlzeit optimalerweise zusammengestellt sein sollte. Deine ausgewählten Lebensmittel sollten aus den Makronährstoffen Kohlenhydrate, Proteine und Fette bestehen. Sie liefern dem Körper hauptsächlich Energie in Form von Kalorien und enthalten zusätzlich verschiedenste Nährstoffe, die essenziell für einen gesunden Körper sind. Hinzu kommt das Gemüse, das dir zwar weniger Energie liefert, dafür aber viele Vitamine und Mineralstoffe (Mikronährstoffe), die für deine Hormongesundheit wichtig sind. **Die Hälfte des Tellers sollte mit Gemüse gefüllt sein.** Damit stellst du sicher, dass du ausreichend Mikronährstoffe über die Ernährung aufnimmst. Es kann gerne bunt sein, denn umso mehr Farben sich auf deinem Teller befinden, umso mehr Nährstoffe sind darin enthalten.

Etwa ein Viertel des Tellers sollte mit Kohlenhydraten gefüllt sein. Hier möchte ich direkt klarstellen, dass Kohlenhydrate wichtig für dich sind! Durch diverse Low-Carb-Hypes haben viele Frauen Angst vor Kohlenhydraten entwickelt und denken, sie machen dick. Dem ist nicht so. Es geht vor allem darum, dass du die optimale Menge für dich findest.
Vielleicht isst deine Freundin wenig Kohlenhydrate und es geht ihr damit gut, aber du kommst überhaupt nicht damit zurecht. Warum ist das so? Jede von uns hat ihren individuellen Stoffwechsel, jeder Körper ist anders zusammengesetzt. Wie viele Kohlenhydrate du brauchst, hängt von vielen Faktoren ab. Ein Faktor ist zum Beispiel dein Aktivitätslevel. Umso mehr du dich bewegst, umso mehr Kohlenhydrate solltest du zu dir nehmen. Ich empfehle eine Mindestmenge von der Größe deiner Faust bzw. einem Achtel des Tellers. Mit dieser Menge kannst du starten und ausprobieren, wie es dir damit geht. So sollte dich eine Mahlzeit mindestens drei bis vier Stunden satt halten. Wenn das nicht der Fall ist, dann kannst du die Menge an Kohlenhydraten hochfahren. An Tagen, an denen du dich viel bewegst, solltest du mehr Kohlenhydrate essen als an den anderen Tagen.
Ein Viertel des Tellers sollte mit Proteinen gefüllt sein. Das kann eine tierische Proteinquelle sein, wie ein Hähnchenbrustfilet oder ein Stück Lachs, oder du füllst den Teller mit mehreren pflanzlichen Proteinquellen wie Bohnen und Kichererbsen.

Extras: Fett und Wasser

Ein bis zwei Esslöffel an gesunden Fetten ergänzen den Teller. Sie sollten definitiv nicht fehlen, da sie an unserer Hormonproduktion beteiligt sind. Fette sind außerdem dafür zuständig, dass die fettlöslichen Vitamine A, D, E und K vom Körper aufgenommen werden können. Gesunde Fette sind zum Beispiel enthalten in Olivenöl, Samen, Kernen oder Avocados.
Unser Körper besteht aus 65 Prozent Wasser, dementsprechend solltest du **etwa 2 Liter Flüssigkeit** täglich zu dir nehmen, entweder in Form von Wasser oder ungesüßtem Tee. Auf Kaffee und Alkohol gehe ich in den Beschreibungen der einzelnen Zyklusphasen näher ein.

Probiere aus, was dir guttut

Der hier vorgestellte Teller soll als Orientierung dienen. Das gilt ebenso für die Teller, die ich bei den verschiedenen Phasen beschreibe. Wie dein individueller Teller aussieht, entscheidest du. Ernährung hat immer etwas mit Ausprobieren zu tun, beobachte, mit welchen Mengen und Lebensmittelquellen es dir am besten geht.

PFLANZLICHE PROTEINQUELLEN

Falls du pflanzliche Proteinquellen bevorzugst, empfehle ich dir, mehrere davon in deine Mahlzeiten einzubauen. Denn ihr Aminosäureprofil unterscheidet sich von dem der tierischen Proteinquellen. Aminosäuren sind die Bausteine, aus denen Proteine zusammengesetzt sind. Einige dieser Aminosäuren sind essenziell, das heißt, wir müssen sie über die Nahrung aufnehmen. Tierische Proteine bestehen aus allen essenziellen Aminosäuren in ausreichender Menge, sodass wir hier sehr gut mit einer Quelle pro Mahlzeit auskommen. Pflanzliche Proteinquellen enthalten ebenfalls essenzielle Aminosäuren, jedoch meist in geringeren Anteilen. Damit du sämtliche essenziellen Aminosäuren in ausreichender Menge zu dir nimmst, ist es daher sinnvoll, verschiedene pflanzliche Quellen zu kombinieren.

DER BLUTZUCKERSPIEGEL

Ich muss gestehen, dass der Blutzuckerspiegel eines meiner Lieblingsthemen ist. Denn er hat so viel Einfluss auf unser tägliches Wohlbefinden und mit kleinen Anpassungen kannst du unglaublich viel erreichen. Das Wissen über den Blutzuckerspiegel kannst du ganz gezielt für dich und deinen Zyklus einsetzen. Das ist für mich wahres female Biohacking!

Ich bin der Ansicht, dass dem Blutzucker grundsätzlich viel zu wenig Aufmerksamkeit geschenkt wird, besonders als Frau sollten wir ihn noch stärker im Fokus haben.

> **BIOHACKING**
>
> Biohacking klingt zwar etwas technisch, dahinter verbirgt sich jedoch ein ganz einfaches Prinzip: Durch das Experimentieren am eigenen biologischen System kannst du deine Gesundheit, dein Wohlbefinden und deine Leistungsfähigkeit optimieren. Es genügt oft, an kleinen Stellschrauben zu drehen, um eine positive Veränderung zu bewirken.

Gegenspieler: Insulin und Glukagon

Dein Körper versucht grundsätzlich immer, in Balance zu sein. Dieser Vorgang nennt sich Homöostase und ist die Fähigkeit des Körpers, seine inneren Abläufe stabil zu halten, unabhängig von äußeren Einflüssen. So versucht unser Körper auch ununterbrochen, den Blutzuckerspiegel im Gleichgewicht zu halten. Die beiden wichtigsten Hormone dafür sind Insulin und Glukagon. Sie sind Gegenspieler.

Insulin wird von der Bauchspeicheldrüse ausgeschüttet, wenn der Blutzuckerspiegel nach einer Mahlzeit ansteigt. Es ist für die Aufnahme von Glukose (Zucker) in die Zellen verantwortlich.

Glukagon hingegen wird von der Bauchspeicheldrüse ausgeschüttet, wenn der Blutzuckerspiegel zu niedrig ist, zum Beispiel zwischen zwei Mahlzeiten. Es sorgt dafür, dass in der Leber gespeichertes Glykogen (Zucker) freigesetzt wird und Glukose in die Blutbahn gelangen kann. Glukagon erhöht damit den Blutzuckerspiegel, um den Energiebedarf zu decken.

Glukagon und Insulin befinden sich also in einem dauerhaften Wechselspiel.

So wird der Blutzuckerspiegel reguliert

Schauen wir uns einmal genauer an, was passiert, wenn wir etwas essen. Nehmen wir an, du isst ein ganz normales Brötchen mit Marmelade, ein typisches Wochenendfrühstück in vielen Haushalten. Das Brötchen besteht aus Kohlenhydraten, also aus mehr oder weniger langen Ketten von Zuckerbausteinen. Diese werden in unserem Magen-Darm-Trakt in die einzelnen Bausteine aufgespalten und ins Blut transportiert: Der Blutzuckerspiegel steigt an. Das ist das Zeichen für die Bauchspeicheldrüse, Insulin auszuschütten. Das Insulin sorgt dafür, dass die Glukose (Zucker) von den Zellen aufgenommen wird, dort wird sie in Energie umgewandelt.

Ich verdeutliche das gern anhand einer Szene aus der Fernsehserie „The Big Bang Theory". In dieser Serie klopft Sheldon regelmäßig an Pennys Tür. Er klopft drei Mal an die Tür, dann ruft er „Penny", das Ganze wiederholt er drei Mal und Penny öffnet genervt die Tür. Sheldon ist in diesem Fall das Insulin und Penny ist die Zelle. Das Insulin klopft quasi, mit der Glukose im Schlepptau, an die Tür der Zelle, bis diese öffnet, um den Zucker aufzunehmen. Das ist der Idealfall.

Wenn die Zelle allerdings schon voll mit Zucker ist (weil du bereits vor einer Stunde eine halbe Packung Kekse gegessen hast) und nichts mehr reinpasst, muss die Glukose an einer anderen Stelle gelagert werden. Sie wird dann zur Leber transportiert und dort in Form von Glykogen gespeichert. Das passiert, wenn wir grundsätzlich zu viel essen oder unsere Mahlzeiten vorwiegend aus Kohlenhydraten bestehen. Das Glykogen wird erst wieder abgerufen, wenn der Blutzuckerspiegel zu niedrig ist (siehe oben). Wenn wir jedoch ständig zu viele Kohlenhydrate zu uns nehmen, speichern wir immer mehr Glykogen dauerhaft ein und umso mehr nehmen wir zu. Daher ist es extrem wichtig, die Mahlzeiten bewusst zu gestalten. Nur so können wir unsere Zellen optimal versorgen und ein gesundes Körpergewicht halten.

Wenn der Blutzucker Achterbahn fährt

Wenn wir nun aber dauerhaft snacken und nur einfache Kohlenhydrate zu uns nehmen, macht das auf Dauer dick: Wir essen Kohlenhydrate, daraufhin steigt unser Blutzuckerspiegel rasant an. Es wird eine große Menge Insulin ausgeschüttet, der Zucker wird auf die Zellen verteilt – der Blutzuckerspiegel fällt rasant wieder ab. Das bewirkt, dass wir hungrig werden, wir essen etwas, der Blutzuckerspiegel steigt an ... und so geht es weiter. Willkommen in der Blutzucker-Achterbahn.

EINFACHE UND KOMPLEXE KOHLENHYDRATE

Einfache Kohlenhydrate bestehen aus kurzen Zuckerketten und werden schnell verdaut, was zu einem schnellen Anstieg des Blutzuckers führt. Komplexe Kohlenhydrate haben längere Zuckerketten und benötigen mehr Zeit für die Verdauung. So wird die Glukose langsam und stetig freigesetzt.

Wir kommen also von einer Überzuckerung in eine Unterzuckerung und das macht sich vor allem durch Stimmungsschwankungen, Heißhunger und Konzentrationsprobleme bemerkbar. Durch den Heißhunger greifen wir erneut zu eher zuckerhaltigen Snacks und die Achterbahnfahrt geht weiter.

Typische Symptome bei Blutzuckerschwankungen sind:

- Heißhunger
- Stimmungsschwankungen
- Müdigkeit, Energielosigkeit
- Konzentrationsprobleme
- Zittern
- Schwindel
- Kopfschmerzen
- Reizbarkeit

Insulinresistenz und ihre Folgen

Wenn dein Blutzuckerspiegel dauerhaft Achterbahn fährt, kann es passieren, dass du eine Insulinresistenz entwickelst. Um genauer zu erklären, was dabei passiert, kommen wir zurück zu unserem „Big Bang Theory"-Beispiel: Sheldon (Insulin) steht wieder und wieder vor Pennys Tür (Zelle) und klopft an. Penny ist zunehmend genervt, und nachdem sie etliche Male die Tür geöffnet hat, reagiert sie irgendwann nicht mehr auf Sheldon. Bei unseren Zellen ist das genauso: Sie reagieren irgendwann schlichtweg schlechter auf das Insulin, unabhängig davon, ob sie noch Glukose aufnehmen könnten oder nicht.

Die Folge ist eine Unterversorgung des Körpers mit Energie und ein dauerhaft erhöhter Blutzuckerspiegel. Da die Glukose nicht in die Zellen gelangt, wird sie vermehrt in der Leber abgespeichert. Das kann langfristig zu einem Diabetes Typ 2 führen, weitere Folgen können eine Fettleber, Übergewicht, Herz-Kreislauf-Erkrankungen, Hormonstörungen und

Stoffwechselstörungen sein. Ich hoffe, du verstehst jetzt, warum ein ausbalancierter Blutzuckerspiegel für dich so wichtig ist. Das gilt insbesondere in Bezug auf deinen Zyklus, denn der Blutzuckerspiegel schwankt nicht nur über den Tag verteilt, sondern im Verlauf des Zyklus. Welche Auswirkungen das auf dich in der jeweiligen Phase hat, erkläre ich in den Kapiteln zu den einzelnen Zyklusphasen.

JUST RELAX: DER ZYKLUS UND DEIN GEWICHT

Du weißt nun, dass unser Körper in kürzester Zeit extrem viele Veränderungen durchläuft. Und sehr wahrscheinlich hast du das auch schon einmal wahrgenommen. Plötzlich hat sich dein Hautbild verändert, du hast Wasser eingelagert und die Waage zeigt zwei Kilogramm mehr an. Deine Stimmung ist auf dem Tiefpunkt und du kannst dich selbst nicht ausstehen. Kommt dir das bekannt vor?

Dann kann ich dir sagen: Es ist normal, dass sich dein Körper mit dem Verlauf des Zyklus verändert, und es gibt keinen Grund, ihn dafür zu hassen oder schlecht über ihn zu denken.

Hormone lassen dein Gewicht schwanken

Unsere Hormonspiegel steigen und fallen, und das hat Einfluss auf unseren Stoffwechsel. Diese Stoffwechselprozesse beeinflussen wiederum unsere Verdauung und unseren Wasserhaushalt und damit unser Körpergewicht. Wenn du also von heute auf morgen ganz plötzlich zwei Kilo mehr wiegst, dann liegt das nicht daran, dass du über Nacht Fett aufgebaut hast. Solche kurzfristigen Gewichtsschwankungen haben meist eine andere Ursache. In der Follikelphase fängt unser Östrogenspiegel an zu steigen. Dies kann die Nieren dazu anregen, mehr Natrium und Wasser zu speichern. Und das wiederum kann zu einem Anstieg des Blutvolumens und zu einer vorübergehenden Gewichtszunahme führen.

Ebenso haben die verschiedenen Hormonlevel Einfluss auf unsere Verdauung. So hat Progesteron, das nach dem Eisprung anfängt zu steigen, eine entspannende Wirkung auf unsere Muskulatur einschließlich der Muskulatur des Verdauungstrakts. Das kann dazu führen, dass sich die Darmbewegungen verlangsamen und unsere Nahrung länger im Verdauungstrakt verweilt. Einige Frauen haben deswegen in der Lutealphase Verstopfungen. Durch Gärungsprozesse kann es zusätzlich zu einem Blähbauch kommen. Da sich mehr Verdauungsreste im Darmtrakt befinden, kann es auch hier kurzfristig zu einer Gewichtszunahme kommen. Sowohl die Wassereinlagerungen als auch die verlangsamte Verdauung lassen innerhalb der ersten Tage der Periode wieder nach. Du kannst also ganz entspannt bleiben, denn leichte Gewichtsschwankungen sind innerhalb des Zyklus völlig normal. Im Kapitel „Die Lutealphase" erkläre ich dir, wie du deinen Körper in der Lutealphase unterstützen kannst und dich trotz Hormonschwankungen wohlfühlst.

Den Zyklus tracken

Bevor ich tiefer auf jede einzelne Zyklusphase eingehe, möchte ich dir zeigen, wie du deinen Zyklus richtig tracken kannst. Denn nur wenn du weißt, in welcher Zyklusphase du dich befindest, kannst du auch zyklisch leben.

KOMFORTABLES TOOL: DIE ZYKLUSUHR

Für einen durchschnittlichen Zyklus von 28 bis 30 Tagen gilt Folgendes:

- Der erste Tag deines Zyklus ist der Tag, an dem du deine Periode bekommst. Die Menstruationsphase dauert im Schnitt 4 bis 7 Tage.
- Die Follikelphase startet direkt danach und dauert bis zum Eisprung an. Diese Phase dauert durchschnittlich 7 bis 10 Tage.
- Der Eisprung findet direkt nach der Follikelphase statt. Die Ovulationsphase dauert 3 bis 5 Tage.
- Die Lutealphase beginnt direkt nach dem Eisprung und dauert bis zur Menstruation an, im Durchschnitt sind es 11 bis 17 Tage.

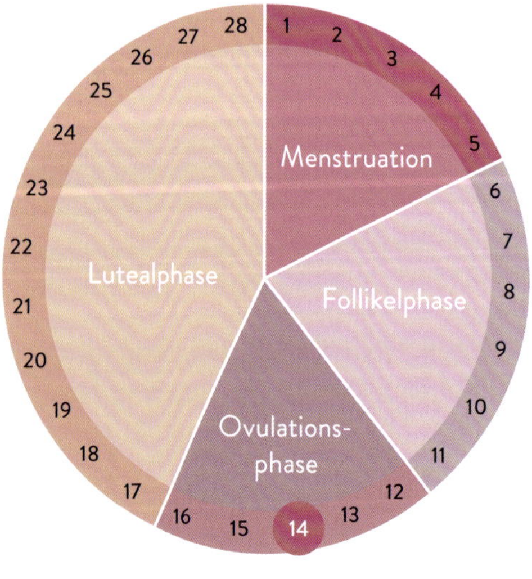

Die Phasen in einem durchschnittlichen Zyklus von 28 Tagen. Tag 14 markiert den Eisprung.

Um herauszufinden, wo im Zyklus du dich gerade befindest, frag dich, wann du das letzte Mal deine Periode hattest.

- Wenn du aktuell deine Periode hast, dann bist du in der Menstruationsphase.
- Wenn der erste Tag deiner Periode vor 7 bis 13 Tagen war, bist du wahrscheinlich in der Follikelphase.
- Wenn deine letzte Blutung vor 14 bis 17 Tagen begonnen hat, bist du aktuell in der Ovulationsphase. Vielleicht hast du ja auch ein Ziehen im Unterbauch verspürt, das ist der Mittelschmerz und ein Anzeichen für den Eisprung. Falls nicht, ist das nicht schlimm, nicht alle Frauen spüren den Mittelschmerz.
- Wenn deine Periode vor 18 bis 28 Tagen angefangen hat, bist du jetzt sehr wahrscheinlich in der Lutealphase.

DIE TEMPERATURMETHODE

Zu wissen, wann du deine letzte Periode hattest und wie lange sie gedauert hat, ist bereits sehr hilfreich, um mit deinem Zyklus vertrauter zu werden. Du kannst aber auch die Temperaturmethode nutzen, um noch mehr Informationen über deinen Zyklus zu erhalten. Zum Beispiel kannst du damit herausfinden, ob und wann dein Eisprung stattgefunden hat, wann deine nächste Periode kommt, wann du fruchtbar bist oder auch ob du schwanger bist.
Für die Temperaturmethode wird die basale Körpertemperatur gemessen: immer morgens, nachdem du mindestens drei bis vier Stunden

Schlaf hattest, und vor jeglicher körperlichen Aktivität. Das bedeutet, du misst sie noch im Bett vor dem Aufstehen. Anschließend notierst du die Temperatur in deiner Zyklustracking-App. Und das machst du idealerweise jeden Tag. Damit stellst du sicher, dass deine Messwerte so wenig wie möglich von äußeren Faktoren beeinflusst werden. Denn im Laufe des Tages schwankt die Körpertemperatur aufgrund von Faktoren wie Ernährung, körperlicher Aktivität, Stress und Wetter.

Basaltemperatur im Zyklusverlauf

Deine Körpertemperatur schwankt aber nicht nur im Laufe des Tages, sondern auch innerhalb des Zyklus. In den ersten zwei Zyklusphasen liegt die Temperatur durchschnittlich bei ca. 36,5 Grad Celsius. Ab dem Eisprung beginnt der Progesteronspiegel zu steigen und damit auch die Körpertemperatur, sie kann um bis zu 1 Grad Celsius ansteigen. Es kann aber auch weniger sein, deswegen solltest du beim Messen auch die zwei Nachkommastellen notieren. Der Progesteronspiegel steigt allerdings nur, wenn ein Eisprung stattgefunden hat. Die Erhöhung der Körpertemperatur kann also als ein Zeichen für den Eisprung gewertet werden. Das kann in der Zyklustracking-App zum Beispiel so aussehen, wie in der Abbildung unten dargestellt.

Die Körpertemperatur steigt ab dem Eisprung an und fällt dann mit der Periode wieder ab. Mit einer regelmäßigen Messung der Basaltemperatur kannst du also sehen, in welcher Zyklushälfte du dich gerade befindest und ob ein Eisprung stattgefunden hat. Falls du einen

ZYKLUS MESSEN MIT DER TEMPERATURMETHODE

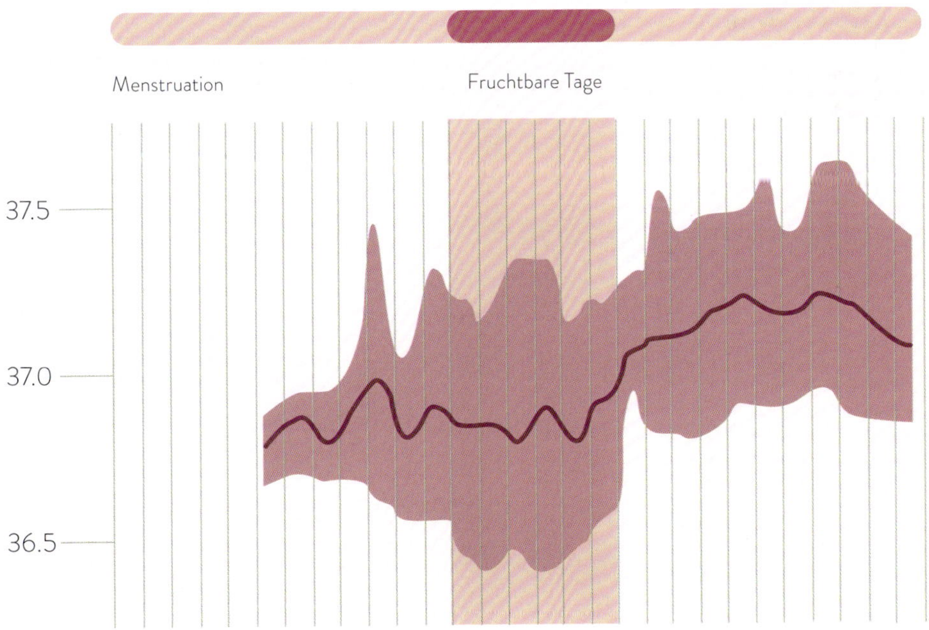

regelmäßigen Zyklus hast, kannst du damit auch deine fruchtbaren Tage bestimmen.
Die Methode ist nur geeignet, wenn dein Zyklus einigermaßen regelmäßig ist. Auch kann die Temperatur durch Stress und Krankheit beeinflusst werden. Zur Verhütung solltest du dich nicht alleine auf sie verlassen. Sie ist trotzdem ein tolles Hilfsmittel, um den eigenen Zyklus zu tracken und zu verstehen.

DIE ZERVIXSCHLEIMMETHODE

Eine weitere weitverbreitete Methode ist das Checken des Zervixschleims. Jede Frau hat Ausfluss, das ist normal und nichts, wofür wir uns schämen sollten. Zervix ist das lateinische Wort für Muttermund, dieser liegt am Eingang zur Gebärmutter und öffnet und schließt sich zyklisch. Im Gebärmutterhals wird Schleim erzeugt und je nachdem, an welcher Stelle im Zyklus du dich gerade befindest, hat dieser Schleim eine gewisse Konsistenz. Anhand der Konsistenz kannst du feststellen, ob du gerade fruchtbar bist oder nicht. Auch hier hat unser Körper wieder ein ausgeklügeltes System entworfen, um den Zyklus der Frau optimal zu unterstützen. Diese Eigenschaften des Schleims werden notiert:

- Menge (z. B. viel, wenig, gar nichts)
- Konsistenz (z. B. dick, klebrig oder spinnbar)
- Farbe (z. B. gelblich, weißlich, klar oder trüb)
- Feuchtigkeitsgehalt (z. B. trocken, nass oder glitschig)

So funktioniert's

Nimm mit deinem Zeigefinger und eventuell auch dem Mittelfinger etwas Schleim am Scheideneingang auf. Anschließend schaust du dir den Schleim an und testest die Konsistenz zwischen Zeigefinger und Daumen. Dann notierst du das Ergebnis in deiner Zyklustracking-App.

- **Nach der Menstruation** fühlt sich alles eher trocken an, denn der Gebärmuttermund verschließt sich und ein sehr dicker, cremiger Schleim wird produziert, sodass die Spermien nicht durchkommen können. Dieser Zervixschleim ist am Ausgang der Scheide kaum sichtbar bzw. spürbar. Der Fingertest fällt also eher trocken aus.
- Mit der **Follikelphase** und dem Anstieg von Östrogen wird auch mehr Zervixschleim produziert. Dieser ist erst etwas klebrig und kann Klumpen enthalten und wird dann flüssiger und cremiger. Das spürst du auch am Scheidenausgang, es fühlt sich feuchter an. Dies ist ein erstes Anzeichen dafür, dass der Eisprung bevorsteht.

- Mit dem starken Anstieg von Östrogen **vor dem Eisprung** werden wir feuchter und produzieren einen dehnbaren, flüssigen Schleim, der sogar teilweise spinnbar ist. Man nennt ihn auch Östrogenschleim. Der Schleim ähnelt rohem Eiweiß, er ist nur etwas flüssiger. Der Östrogenschleim hat die Aufgabe, Spermien zu filtern, sie zu transportieren und zu schützen. Bei einem Kinderwunsch solltest du nun sehr viel Zweisamkeit mit deinem Partner genießen.
- **Nach dem Eisprung** verändert sich der Zervixschleim erneut, er wird wieder dickflüssiger und klebriger, sodass die Spermien erneut nicht durchkommen. Der Körper verschließt dadurch die Gebärmutter wieder.

Grenzen der Zervixschleimmethode

Ähnlich wie die Temperaturmethode ist auch die Zervixschleimmethode zur Verhütung nicht zu 100 Prozent verlässlich. Es gibt viele Faktoren, die die Konsistenz des Schleims beeinflussen. Stress, Erregung oder auch Medikamente können den Zervixschleim verändern bzw. ist Erregungsschleim kein Zervixschleim.
Flüssiger Zervixschleim ist auch nur als Anzeichen für einen bestehenden Eisprung zu werten und keine Garantie, dass ein Eisprung stattgefunden hat. Dies lässt sich aber in Kombination mit der Temperaturmethode – wenn die Temperatur ansteigt – bestimmen. Falls du über den gesamten Zyklus eher trocken bist und auch in der Zeit der fruchtbaren Tage nur wenig bis gar keinen Zervixschleim fühlen kannst, solltest du deinen Körper dabei unterstützen, die Qualität deines Schleims zu verbessern. Flüssigkeit ist wichtig, also achte darauf, genug Wasser oder Kräutertee zu trinken. Stress ist nach meiner Meinung der häufigste Einflussfaktor. Versuche daher, stressige Situationen zu minimieren.

ZYKLUSTRACKING

Vielleicht weißt du nicht, wann genau deine letzte Periode war. Dann fange mit dem Eintritt der nächsten Periode damit an, die Daten zu notieren. Nutze dafür gerne eine der zahlreichen Zyklustracking-Apps. Glaube mir, dein Körper wird es dir danken. Zyklustracking ist eine tolle Möglichkeit für dich, deinen Körper wieder mehr zu spüren, ihn zu verstehen und deine Gefühle und Bedürfnisse wahrzunehmen. Du wirst durch das Tracken viel über dich und deinen Körper lernen. Es gibt viele tolle Zyklustracker – kleine Geräte –, die das Messen für dich übernehmen. Ich persönlich nutze sehr gerne den OvulaRing, aber auch Trackle hat sich als sehr zuverlässig erwiesen. Das Prinzip der Zyklustracker ist ähnlich: Sie messen deine vaginale Körpertemperatur und werten die Daten in einer App aus. Lediglich die Anwendung der verschiedenen Geräte ist etwas unterschiedlich.

KÖRPERSIGNALE WAHRNEHMEN

Leider haben wir durch unseren stressigen Lifestyle verlernt, unsere Körpersignale wahr zunehmen. Wir übergehen sie schlichtweg und schaden uns damit selbst. Wir merken erst viel zu spät, dass es uns nicht gut geht. Hinzu kommt, dass uns Frauen eingeredet wird, dass PMS, Krämpfe und andere Zyklusbeschwerden normal sind. Wir quälen uns durch die Phasen, verteufeln unseren Zyklus und versuchen so gut es geht damit klarzukommen.
Durch das Tracken deines Zyklus machst du den ersten Schritt hin zu mehr Achtsamkeit dir gegenüber. Du wirst dich mehr und vor allem besser wahrnehmen und du wirst die Unterschiede in den einzelnen Zyklusphasen spüren.

FEMALE EATING, BIOHACKING UND SELFCARE FÜR ALLE

vier Phasen

Unser Körper funktioniert in jeder Zyklusphase anders, da unsere Hormone unterschiedliche Level haben, was wiederum unseren Stoffwechsel beeinflusst. Für unsere Ernährung bedeutet das: Wir brauchen in jeder Phase unterschiedliche Lebensmittel, um unseren Körper optimal zu unterstützen.

Die Menstruationsphase – der Kreis schließt sich

Wie bereits erwähnt, gilt die Menstruationsphase meist als Anfang des Zyklus. Für mich jedoch schließt sich damit der Kreis, sie steht für den Winter.

DIE MENSTRUATIONSPHASE – DER WINTER

In der Traditionellen Chinesischen Medizin (TCM) wird die Menstruationsphase auch als kalte Phase bezeichnet, da wir Blut verlieren und unser Energielevel abfällt. Ordnet man die vier Zyklusphasen den Jahreszeiten zu, ist die Menstruationsphase der Winter.

Stell dir vor, es ist ein kalter Wintertag und du möchtest dich am liebsten mit einem warmen Getränk und einer Decke auf die Couch legen und dich ausruhen. So geht es den meisten Frauen während ihrer Periode. Wir sind etwas müde und warme Getränke und Mahlzeiten tun uns gut – uns ist nach Rückzug.

BIOHACKING-SELBSTTEST

Bevor ich tiefer in diese Phase einsteige und dir erkläre, was genau in unserem Körper passiert, möchte ich, dass du einmal in dich gehst. Denn wie beschrieben, ist es für ein Leben mit dem Zyklus sehr wichtig, dass du spürst, wie du dich fühlst.

Ich habe ein paar Fragen aufgeführt, die dir dabei helfen, in dich hineinzufühlen und zu spüren, wonach dir gerade ist. Lies dir die Fragen in Ruhe durch und beantworte sie, wie es deinem Gefühl entspricht. Das kann übrigens in jedem Zyklus anders sein, deswegen empfehle ich dir, den Test in jedem Zyklus zu machen und dann dementsprechend zu agieren.

Wie fühlst du dich in der „kalten Phase"?

	Ja	Nein	Teilweise
Mir ist schnell kalt.	○	○	○
Ich habe das Bedürfnis nach Rückzug.	○	○	○
Ich fühle mich schnell gestresst.	○	○	○
Ich habe Rücken-/Unterleibs-schmerzen.	○	○	○
Ich kann mich schwer zu etwas aufraffen.	○	○	○
Ich bin müde.	○	○	○
Ich möchte allein sein.	○	○	○
Warme Mahlzeiten tun mir gut.	○	○	○

Wenn du diese Fragen beantwortet hast, ist dir wahrscheinlich klarer, wonach dir gerade ist. Nutze dieses Wissen, um deine Bedürfnisse zu erfüllen. Alles, was dir guttut, tut auch deinem Zyklus gut. Erlaube dir, dich auszuruhen, wenn dir danach ist. Koch dir eine leckere Suppe oder einen Auflauf, wenn du innerlich frierst, oder schlaf eine Stunde länger, wenn du müde bist.

SO TICKEN KÖRPER UND SEELE JETZT

Schauen wir uns nun an, was dein Körper in der Menstruationsphase alles leistet und warum du in dieser Phase ganz bestimmte Bedürfnisse hast. Mit dem Eintritt deiner Periode fallen alle Hormone ab. Progesteron- und Östrogenspiegel waren in der Lutealphase sehr hoch, nun sinken sie nicht nur leicht, sondern vollständig ab (siehe Abbildung auf Seite 7). Sie springen quasi den Berg herunter. Und das spürst du.

Das Hormonlevel fällt ab

Da alle Phasen ineinander übergehen, kann es sein, dass du noch einige PMS-Symptome wie Stimmungsschwankungen, Heißhunger oder Rückenschmerzen aus der vorangegangenen Lutealphase wahrnimmst. Da die Hormone abfallen, haben wir weniger Energie und unsere Stimmung ist instabil. Um Klartext zu reden: Wir sind zickig, genervt und haben schlechte Laune. Je nachdem, wie gut du mit deinem Körper zusammengearbeitet hast, macht sich das Stimmungstief gar nicht bis ganz leicht oder eben auch sehr stark bemerkbar.
Es ist völlig normal, wenn du in dieser Zeit deinen Unterleib spürst. Deine Muskulatur zieht sich zusammen, um die Gebärmutterschleimhautschicht abzustoßen. Ein leichtes Ziehen im Unterleib kann also normal sein. Starke Schmerzen oder sogar Krämpfe solltest du aber nicht haben. Einige meiner Kundinnen haben so starke Krämpfe, dass sie nicht aus dem Bett kommen und sich die ersten zwei Tage kaum bewegen können. Das ist ein klares Anzeichen dafür, dass etwas nicht in Balance ist.
Durch die Blutung verlieren wir Eisen und Zink – auch das kann eine Ursache dafür sein, dass du dich müde und schlapp fühlst.

Das Immunsystem ist geschwächt

Das Immunsystem ist leicht geschwächt, sodass du eventuell das Gefühl hast, eine Erkältung zu bekommen. Im englischen Sprachraum wird das als Period Flu – Menstruationserkältung – bezeichnet. Unser Zyklus beeinflusst demnach nicht nur unseren Schlaf, unsere Stimmung und unseren Appetit, sondern auch unsere Immunantwort. Das ist übrigens ein weiterer Fakt, der uns von dem männlichen Geschlecht stark unterscheidet und den wir nicht außer Acht lassen sollten.

Die Körpertemperatur fällt

Falls du deinen Zyklus trackst, ist dir vielleicht aufgefallen, dass mit Eintritt der Periode deine Körpertemperatur um bis zu einem Grad Celsius sinkt. Die komplexe Interaktion zwischen Progesteron und Östrogen beeinflusst unsere Wärmeregulation und sorgt dafür, dass unsere Körpertemperatur steigt und fällt. Mit dem Abfallen der Körpertemperatur verbrennen wir auch etwas weniger Kalorien, es kann also sein, dass sich dein Appetit verändert.
Den meisten Frauen geht es drei bis vier Tage nach Eintritt der Periode deutlich besser, denn dann hat der Körper den Abfall der Hormone verkraftet und das Östrogen steigt langsam wieder an.
Wenn alle Hormone ihren Tiefpunkt haben, also zu Beginn der Menstruationsphase, sind wir übrigens hormonell gesehen dem männlichen Körper am ähnlichsten.

FOODCOACHING FÜR DEINE WINTERPHASE

Deine täglichen Mahlzeiten beeinflussen dein (Wohl-)Befinden. Sind deine Mahlzeiten so zusammengestellt, dass sie deinem Körper das geben, was er braucht, und ihn beim Übergang in die jeweilige Zyklusphase unterstützen, wird es dir deutlich besser gehen. Enthalten sie hingegen nicht die entsprechenden Nährstoffe, wirst du sehr wahrscheinlich mit mehr und stärkeren Symptomen zu kämpfen haben.

Kleine Anpassungen, große Wirkung

Es ist wirklich fantastisch, wie schnell unser Körper reagiert, wenn wir unsere Ernährung anpassen. Mit ein paar kleinen Veränderungen, dem Austausch von einigen Lebensmitteln oder dem Dazunehmen von ganz bestimmten Nährstoffen nimmst du direkten Einfluss auf den Ablauf sämtlicher Körperfunktionen, und das macht sich bemerkbar. Anstatt im Bett zu liegen und dich vor Krämpfen zu krümmen, müde zu sein und alle zwei Stunden den Tampon zu wechseln, wirst du einen leichten Übergang zur Menstruation wahrnehmen. Aus den Krämpfen wird ein leichtes Ziehen, die extreme Müdigkeit und Abgeschlagenheit verschwinden und du wirst ausreichend Energie für den Tag haben. Und die Intensität deiner Periodenblutung wird sich normalisieren. All diese Veränderungen kann ich bei meinen Kundinnen beobachten, wenn wir die Ernährung anpassen.
Was kannst du also in der Menstruationsphase machen, um deinen Körper zu unterstützen? Diese drei Punkte sind wichtig: warme Mahlzeiten, Nährstoffe auffüllen und den Blutzuckerspiegel stabil halten.

Warme Mahlzeiten

Ich hatte dir ja bereits erklärt, dass die Menstruationsphase auch als kalte Phase beschrieben wird, und vielleicht gehörst du zu den Frauen, die in dieser Zeit immer frieren. Das ist tatsächlich ganz typisch, denn deine Körpertemperatur ist gerade abgefallen. Wärme dich also von innen mit warmen Mahlzeiten.
Starte damit am besten schon beim Frühstück, zum Beispiel kann dir jetzt ein warmes Porridge guttun (Rezept siehe Seite 77). Auch deine Snacks sollten jetzt warm sein oder du genießt einen heißen Minztee.
Außerdem kann es sein, dass du zum Anfang der Periode einen Blähbauch hast und die Verdauung etwas träge ist. Das ist ebenfalls ein Überbleibsel der Lutealphase, in der das Progesteron für eine entspannende Wirkung sorgt und dadurch auch die Verdauung verlangsamt. Auch hier können warme Mahlzeiten unterstützend wirken, denn dafür muss unser Körper weniger Verdauungsleistung aufbringen.

MEIN TIPP

Ich verwende sehr gerne Flohsamenschalen, sie sorgen für eine gute Verdauung. Rühre einfach einen Teelöffel davon in ein Glas Wasser und trinke es am Morgen oder mische sie in deinen Smoothie oder dein Porridge. Achte darauf, mindestens ein großes Glas Wasser dazu zu trinken, da die Schalen stark aufquellen.

Mit Eintritt der Periode sorgen dann die Prostaglandine (das sind hormonähnliche Substanzen, die in fast allen Geweben des Körpers vorkommen) für eine Veränderung der Verdauung. Sie sind dafür zuständig, dass sich unsere Gebärmuttermuskulatur zusammenzieht, und das hat auch Auswirkungen auf unseren Darm. Es kann also sein, dass aus Blähbauch und Verstopfung leichte Krämpfe und Durchfall werden.

Unterstützende Nährstoffe

Kurkuma, Omega-3-Fettsäuren und Magnesium sind tolle Unterstützer in der Menstruationsphase. Die Kombination aus Magnesium und Omega 3 kann bei Krämpfen helfen, Kurkuma wirkt positiv auf deine Verdauung.

Omega-3-Fettsäuren sind mehrfach ungesättigte Fettsäuren, drei davon sind für unseren Stoffwechsel besonders wichtig: Die pflanzliche Omega-3-Fettsäure Alpha-Linolensäure (ALA) kommt in Lebensmitteln wie Leinsamen, Chiasamen, Walnüssen und Hanfsamen vor. Sie ist essenziell, das heißt, der Körper kann sie nicht selbst produzieren, sondern wir müssen sie über die Nahrung zu uns nehmen. Die beiden anderen Omega-3-Fettsäuren – Eicosapentaensäure (EPA) und Docosahexaensäure (DHA) – kann der Körper in geringen Mengen aus ALA herstellen. Beide kommen in fettreichen Kaltwasserfischen wie Lachs, Makrele, Sardine und Hering vor. EPA ist für die Gesundheit des Herzens und die Entzündungskontrolle von großer Bedeutung. DHA spielt eine Schlüsselrolle in der Entwicklung und Funktion des Gehirns und des Nervensystems, insbesondere während der Schwangerschaft und in der frühen Kindheit. Omega-3-Fettsäuren wirken unter anderem entzündungshemmend und stärken die Immunabwehr. Es ist kaum zu schaffen, sie in ausreichender Menge über die Nahrung aufzunehmen, deswegen empfehle ich, täglich 2000 Milligramm Omega 3 (EPA und DHA) zu supplementieren.

Kurkuma wirkt hemmend auf die Prostaglandinsynthese und sorgt dadurch dafür, dass die Gebärmutter sich nicht so stark zusammenzieht. Das kann sich positiv auf dein Wohlbefinden während der Periode auswirken, da weniger Krämpfe entstehen. Kurkuma kannst du super als Gewürzpulver oder frisch geriebene Wurzel über die Ernährung zu dir nehmen – einfach in dein Porridge, deinen Shake oder deine Bowl mischen. Oder du bereitest dir eine warme Goldene Milch zu (siehe Rezept auf Seite 95).

Magnesium hat krampflösende Eigenschaften, es ist in Nüssen, Kürbiskernen, Sonnenblumenkernen, Bohnen, Linsen, Hafer, Bananen, Avocado, Fisch und dunkler Schokolade enthalten.

DER HORMONFREUNDLICHE TELLER

Als kleine Hilfestellung für die Zubereitung von hormonfreundlichen Mahlzeiten habe ich dir im Kapitel „Female Food" das Tellermodell vorgestellt. Nun passen wir diesen Teller an unsere Bedürfnisse in der Menstruationsphase an. Unser Ziel ist es, die Nährstoffe, die durch die Periode verloren gehen, wieder aufzufüllen und die Hormonproduktion zu unterstützen. Aktuell sind alle Hormone auf einem niedrigen Level, in der Follikelphase steigen sie allerdings wieder an. Und dafür braucht unser Körper Nährstoffe: Gesunde Fette und Proteine sind wichtige Bausteine für unsere Hormone.
Ich empfehle grundsätzlich die Zufuhr von **ca. 1,5 Gramm Protein pro Kilogramm Körpergewicht täglich.** Die Deutsche Gesellschaft für Ernährung empfiehlt nur 0,8 Gramm Protein pro Kilogramm Körpergewicht, aus meiner Erfahrung ist das zu wenig. Die Frauen in meinem Coaching fühlen sich mit einer höheren Zufuhr an Proteinen sehr viel wohler und gesünder.
Eine ausreichende Zufuhr an gesunden Fetten ist ebenfalls notwendig für einen gesunden Hormonhaushalt. Du kannst also die von mir empfohlene Zufuhr von ein bis zwei Esslöffeln etwas erhöhen auf **zwei bis drei Esslöffel Fett.** Fette eignen sich übrigens auch gut dazu, den Körper warm zu halten und ihn mit ausreichend

Energie zu versorgen. Das können wir in dieser Phase sehr gut gebrauchen.
Ballaststoffe helfen dir, die Verdauung zu regulieren, auf deinem Teller darf also immer noch **viel ballaststoffreiches Gemüse** sein.
Die **Kohlenhydratzufuhr** solltest du **an dein Aktivitätslevel anpassen.** Wenn du dich fit fühlst und viel Sport treibst, dann brauchst du mehr Kohlenhydrate, als wenn du diese Phase eher auf der Couch verbringst.
Mit diesen kleinen Anpassungen sieht dein optimaler Teller nun so aus:

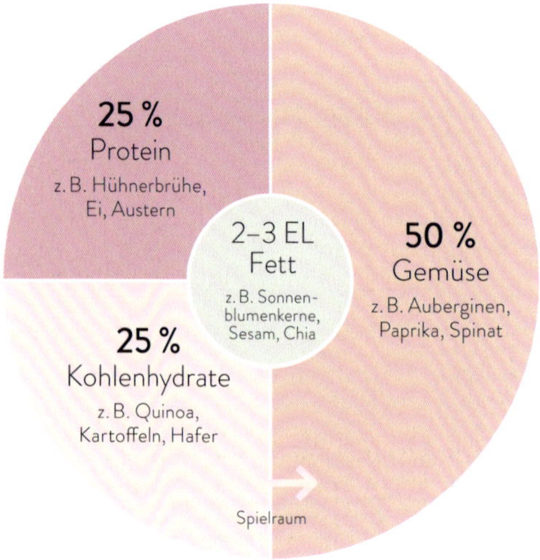

BLUTZUCKER STABILISIEREN

In der Menstruationsphase haben wir eine hohe Insulinsensitivität, und das ist grundsätzlich gut für den Blutzuckerspiegel. Es bedeutet, dass wir vor allem Kohlenhydrate gut verstoffwechseln können, sprich: Die Glukose kann aus dem Blut sehr effizient in die Zellen transportiert und dort zu Energie umgewandelt werden.
Das heißt jedoch nicht, dass wir unseren Blutzuckerspiegel vernachlässigen sollten. Wenn du nachmittags häufig ein Tief hast, unter Stimmungsschwankungen leidest und nachts regelmäßig aufwachst, dann sitzt du sehr wahrscheinlich in der Blutzucker-Achterbahn. Und wenn du dir dann noch erzählst, dass es okay ist, die paar Kekse, die Tafel Schokolade oder das Stück Kuchen zu essen, weil du deine Periode hast und das gerade brauchst, machst du es nur noch schlimmer. Neben Energiemangel und Schlafstörungen schleichen sich dann unregelmäßige Zyklen, starke PMS-Probleme und auch andere Hormonstörungen ein.
Es ist völlig in Ordnung, sich ab und zu etwas zu gönnen. Nur eben ab und zu! Mit ein paar kleinen Tricks, die ich dir jetzt verrate, bekommst du das aber in den Griff.

Blutzucker-Hack #1: Sorge dafür, dass jede Mahlzeit mindestens eine Proteinquelle enthält. Egal, ob Frühstück, Mittagessen, Abendessen oder Snack! In keiner Mahlzeit sollten Proteine fehlen, denn sie halten den Blutzuckerspiegel stabil, da sie langsamer verstoffwechselt werden. Dadurch dauert es länger, bis alle Bestandteile deiner Mahlzeit verdaut sind, und der Blutzuckerspiegel steigt nur langsam an. In dieser Form lassen sich Proteine kinderleicht ergänzen: als Nüsse, Eier, Brotaufstrich aus Hanfsamen oder Hülsenfrüchten, Samen und Kerne.

Blutzucker-Hack #2: Iss Kohlenhydrate niemals allein. Auch keinen Apfel. Und auch keine Banane und auch kein Brot mit Marmelade! Denn Kohlenhydrate allein werden in deinem Verdauungssystem sehr schnell zu Zucker umgewandelt, dementsprechend schießt dein Blutzuckerspiegel in die Höhe. Und dann heißt es: Willkommen in der Achterbahn!
Du solltest also Kohlenhydrate immer in Verbindung mit Proteinen und/oder Fetten essen. Da wir meist ausreichend Fette zu uns nehmen und Proteine vernachlässigen, empfehle ich dir, Kohlenhydrate mit Proteinen zu kombinieren.

Kaffee: Yes or No

Und jetzt wird es für einige wahrscheinlich sehr hart: Idealerweise verzichtest du in der Menstruationsphase auf deinen geliebten Kaffee. Vor allem am Morgen auf leeren Magen. Denn Kaffee beeinflusst unseren Blutzuckerspiegel enorm. Das Koffein sorgt dafür, dass Cortisol (unser Stresshormon) freigesetzt wird, und das wiederum lässt den Blutzuckerspiegel ansteigen. Unser Körper will damit sicherstellen, dass ausreichend Energie zur Verfügung steht, um diese Stresssituation bewältigen zu können. Damit wären wir wieder bei der Achterbahnfahrt.
Um das zu verhindern, solltest du

- entweder komplett auf Kaffee verzichten,
- ihn nur zu einer ausgewogenen, proteinreichen Mahlzeit trinken,
- ihn entkoffeiniert trinken oder
- einen Kollagenkaffee genießen.

Du siehst, ganz so schlimm ist es doch nicht, es gibt Möglichkeiten, die Achterbahnfahrt zu verhindern und trotzdem in den Genuss von Kaffee zu kommen. Ich persönlich trinke gern Kollagenkaffee, denn er hält nicht nur den Blutzuckerspiegel stabil, sondern hat – dank des Kollagenpulvers – auch noch weitere positive Effekte auf Bindegewebe, Sehnen und Gelenke. Rühre einfach einen Teelöffel Kollagenpulver in deinen Kaffee, bis es sich aufgelöst hat. Du bekommst Kollagenpulver in Apotheken, in gut sortierten Drogeriemärkten und im Internet. Es ist geschmacksneutral.

NÄHRSTOFFE AUFFÜLLEN

Neun von zehn meiner Coaching-Klientinnen haben einen Eisenmangel. Dieser kann schnell zu Müdigkeit und Erschöpfung führen, aber auch die Schilddrüse und das Immunsystem negativ beeinflussen. Es ist also sinnvoll, regelmäßig die Eisen- und Ferritinwerte checken zu lassen. – Ja, bitte unbedingt auch den Ferritinwert, denn das ist unser Eisenspeicherwert. Idealerweise unterstützt du deinen Körper kurz vor und während der Menstruationsphase mit eisenhaltigen Lebensmitteln, vor allem in Kombination mit Vitamin-C, denn dadurch wird das Eisen von deinem Körper besser aufgenommen. Koffein hingegen blockiert die Aufnahme von Eisen. Vitamin C, kann außerdem dein Immunsystem gerade jetzt sehr gut unterstützen. Wir können es übrigens nicht speichern, sollten es also grundsätzlich täglich über die Ernährung zu uns nehmen.
Während der Periode verlierst du Zink, daher ist es sinnvoll, während dieser Zeit auf eine ausreichende Zufuhr zu achten, außerdem hat Zink einen positiven Einfluss auf das Immunsystem.

WOFÜR DU DIE MENSTRUATIONSPHASE NUTZEN KANNST

Eine gesunde und ausgewogene Ernährung, basierend auf deinen individuellen Bedürfnissen, ist die Grundlage für eine beschwerdefreie Menstruationsphase. Allerdings gibt es noch weitere wichtige Einflussfaktoren, die ich dir nicht vorenthalten möchte. Denn neben dem, was du isst, hat auch das, was du tust – oder eben nicht tust –, Einfluss auf dein Wohlbefinden während deiner Periode. Du darfst nicht nur gesünder und fitter, sondern glücklicher und zufriedener auf allen Ebenen werden. In deinem Sozialleben, in deinem Job und auch in deiner Partnerschaft.
Hier ist es besonders wichtig, auf deine Körpersignale und Emotionen zu hören – vor allem auf dein Bauchgefühl.

Kümmere dich um dich selbst

Gerade wir Frauen wollen es immer allen recht machen und vergessen dabei uns selbst. Ab jetzt darfst du dich und dein Wohlbefinden priorisieren. Nur wenn es dir gut geht, kannst du auch für andere da sein. Es ist also wichtig, dass du zuerst deine Speicher auffüllst, nicht nur die Nährstoffspeicher, sondern auch alle anderen Speicher. Damit meine ich zum Beispiel den Schlafspeicher, den Me-Time-Speicher, den Ruhespeicher oder auch den Kuschelspeicher. In der Menstruationsphase ist uns oft nach Rückzug, einkuscheln und Me-Time. Wenn du genau hinhörst, spürst du dieses Bedürfnis vielleicht vermehrt. Vielleicht hast du es bis jetzt aber auch immer übergangen und das hat sich in deinem Wohlbefinden widergespiegelt. Versuche ganz bewusst auf deine Bedürfnisse zu achten und lasse alle Emotionen zu. Diese Phase eignet sich dafür extrem gut, da viele Frauen sie als einen inneren Reinigungsprozess wahrnehmen. Altes darf gehen und Neues darf kommen.

Schreibe auf, was dich beschäftigt

Um herauszufinden, was du brauchst, nimm dir etwas Zeit und beantworte die folgenden Fragen. Mache das am besten schriftlich – das Aufschreiben hilft dabei, sich über die Dinge klar zu werden.

- Was möchte ich loslassen?
- Was darf in mein Leben kommen?
- Wie ging es mir in den letzten Wochen?
- Was brauche ich, um glücklich zu sein?

Wenn dir nach Me-Time ist, dann erlaube es dir, Zeit mit dir allein zu verbringen. Du entscheidest dich damit nicht gegen andere, sondern für dich. Sag deiner Familie und deinen Freunden, dass du gerade Zeit für dich brauchst. Ich bin mir sicher, sie können es nachvollziehen, denn jeder von uns sehnt sich danach.

Du musst es nicht allen recht machen

Und das bringt mich zum nächsten Punkt: Stop People Pleasing! Du musst es den anderen nicht recht machen und du brauchst auch keine Angst davor zu haben, andere vor den Kopf zu stoßen. Du darfst zu deinen Bedürfnissen stehen. Also trainiere deinen „Nein-Muskel" und sag öfter Nein zu Dingen, auf die du keine Lust hast. Setze klare Grenzen, indem du sie kommunizierst – im Familienleben, in Freundschaften und auch im Job.
Das fühlt sich am Anfang komisch an und wird dir Angst machen. Doch umso öfter du es machst, umso leichter wird es werden. Und ich verspreche dir, es wird dir so guttun! Ich bin selbst jahrelang eine absolute People Pleaserin gewesen und es hat mich innerlich zerrissen. Ich habe es nie geschafft, es allen recht zu machen – und schon gar nicht mir selbst. Seit ich meine Bedürfnisse zuerst stille, klare Grenzen setze und diese auch einhalte, geht es mir deutlich besser.

Flowcation

Zum Schluss habe ich noch einen kleinen Tipp für dich: Markiere deine Menstruationsphase in deinem Kalender. Ich nenne sie liebevoll „Flowcation". „Flow" von Menstruations-Flow und „cation" von Vacation (Urlaub), übersetzt Menstruationsurlaub. Die Flowcation erinnert mich daran, nur wenige Termine in diese Phase zu legen und mir Me-Time-Zeiten zu blocken. Ich versuche in dieser Phase zum Beispiel keine Workshops oder Interviews zu geben und mir ganz bewusst Zeit für mich zu nehmen.

EINKAUFSLISTE FÜR DIE MENSTRUATIONSPHASE

Um diese Phase bestmöglich zu nutzen und das Wohlbefinden zu steigern, ist es wichtig, die richtigen Lebensmittel und Produkte bereitzuhalten. Meine Einkaufsliste für die Menstruationsphase soll dir helfen, dich optimal vorzubereiten.

EINKAUFSLISTE FÜR DIE MENSTRUATIONSPHASE

PROTEINE

Tierisch: Austern aus Wildfang, Bio-Eier, Bio-Hühnerbrust, Bio-Putenhackfleisch, Bio-Rindfleisch aus Weidehaltung, Fisch aus Wildfang, Garnelen aus Wildfang, Innereien (wie Leber)

Pflanzlich: Grüne Erbsen, Hülsenfrüchte, Linsen, Nüsse, Samen und Saaten, Tempeh

KOHLENHYDRATE

Getreide und Körner: Amaranth, Bio-Hafer, Bio-Mais, Buchweizen, Hirse, Naturreis, Quinoa, Sauerteig

Gemüse: Artischocken, Brokkoli, Brokkolisprossen, Erbsen, Grünkohl, Kartoffeln, Kohl, Mais, Mangold, Möhren, Pak Choi, Paprika, Pastinaken, Pilze, Romanasalat, Rote Bete, Rucola, Salatgurken, Seegras, Spargel, Spinat, Sprossen und Keime, Süßkartoffeln, Tomaten

Obst: Ananas, Äpfel, Avocados, Bananen, Birnen, Brombeeren, Erdbeeren, Granatäpfel, Grapefruits, Heidelbeeren, Himbeeren, Kirschen, Kiwis, Limetten, Mangos, Medjool-Datteln, Orangen, Papayas, Wassermelonen, Zitronen, Zuckermelonen

FETTE

Avocados, Bio-Eier, Kokosmilch, Kokosjoghurt, Kokosflocken, Oliven, rohe Nüsse, rohe Samen (Hanf, Chia, Kürbis, Sonnenblumen, ungeschälter Sesam), Schafsmilchprodukte, Tahin (Sesampaste), Ziegenmilchprodukte

---

Natürliche Süßstoffe: Ahornsirup, Dattelsirup, roher Honig

Zusätze: Aminosäuren, Proteinpulver, Kollagenpulver

Zink- und eisenhaltig: Austern, Bio-Eier, dunkle Schokolade, grünes Blattgemuse, Haferflocken, Hühnerbeine, Kidneybohnen, Kürbiskerne, Leber, Linsen, Meeresgemüse (Seetang, Dolse, Nori, Hijki, Wakame), Rindfleisch (Bio und aus Weidetierhaltung)

Vitamin-C-haltig: Ananas, Auberginen, Blumenkohl, Brokkoli, Erdbeeren, Grapefruits, Kartoffeln, Kiwis, Mangos, Möhren, Orangen, Paprika, Spinat, Tomaten, Zitronen, Zwiebeln

Warm und gemütlich: Knochenbrühe, mineralstoffreiches tierisches Eiweiß, nährstoffreiche Bowls, Suppen und deftige Eintöpfe

Tees zur Remineralisierung: Bancha-Tee, Brennnesselblätter, rote Himbeerblätter

Tees zur Linderung von Blähungen und Krämpfen: Fenchel, Ingwer, Pfefferminze

Zubereitung: Backen, kochen, köcheln, langsam garen, geringe Hitze

Die Follikelphase – alles beginnt neu

Die Follikelphase ist für mich der eigentliche Startpunkt des neuen Zyklus. Die Hormone fangen wieder an zu steigen und der Prozess, den wir im Zyklus durchlaufen, geht von vorn los.

DIE FOLLIKELPHASE – DER FRÜHLING

Diese Phase wird auch als Frühling bezeichnet, denn in dieser Jahreszeit wächst und gedeiht alles. Die Blumen fangen an zu blühen und es ist eine Art Leichtigkeit zu spüren. Ähnlich geht es uns in der Follikelphase. Dies ist die Phase, in der wir uns innerhalb des Zyklus am besten fühlen. Bevor ich darauf eingehe, warum das so ist, kannst du einmal für dich überprüfen, wie es dir in dieser Phase geht.

BIOHACKING-SELBSTTEST

In der Follikelphase geht es uns in der Regel sehr gut. Mit den folgenden Fragen kannst du schauen, ob das auch bei dir so ist. Wenn du voller Energie bist, dann nutze das für dich aus und trainiere intensiv, triff dich mit Freunden oder starte neue Projekte. Falls du diese Energie nicht spürst und du nicht voller Tatendrang bist, dann könnte das ein Zeichen dafür sein, dass du allgemein in deinem Zyklus – in allen Phasen – zu viel machst und dir zu wenig Ruhe gönnst.

Wie fühlst du dich in der Phase des Neubeginns?

	Ja	Nein	Teilweise
Ich fühle mich wohl.			
Ich habe Energie.			
Ich fühle mich fit.			
Ich habe Lust auf soziale Kontakte.			
Ich habe weniger Hunger.			
Ich habe Lust, Dinge zu erledigen.			

SO TICKEN KÖRPER UND SEELE JETZT

In dieser Phase fangen einige Hormone an zu steigen (siehe Abbildung Seite 7), was unter anderem zur Folge hat, dass wir mehr Energie zur Verfügung haben.

Östrogen und Testosteron steigen an

Das follikelstimulierende Hormon (FSH), Östrogen und Testosteron fangen in der Follikelphase an zu steigen. Durch die leicht erhöhten Hormonlevel spüren wir wieder mehr Energie und Tatendrang. Unser Stoffwechsel ist etwas langsamer in dieser Phase, unser Appetit ist durch das steigende Östrogen leicht gedämpft und wir verbrennen weniger Kalorien. Unser Körper geht sehr bedacht mit den Nährstoffen um, die wir ihm zuführen, um eine mögliche Schwangerschaft bestmöglich zu unterstützen. Mit diesem Hintergrundwissen kannst du deine Ernährung in der Follikelphase anpassen.

Voller Energie und leistungsfähig

Zum hohen Energielevel trägt auch der stabile Blutzuckerspiegel bei. Unser Körper reagiert in dieser Phase weiterhin sehr gut auf das Insulin und kann Kohlenhydrate effizient verstoffwechseln. Durch eine ausgewogene Ernährung kannst du ein stabiles Energielevel erreichen. Falls du gerne Sport machst, ist das deine Phase! Wir sind jetzt allgemein sehr leistungsfähig und können das für unser Training nutzen: Es ist der perfekte Zeitpunkt für intensives Intervalltraining, Krafttraining oder auch für lange Läufe. Vielleicht spürst du auch, dass deine Regenerationsfähigkeit besser ist.

Gesteigerte Libido

Der Anstieg von Östrogen und Testosteron steigert auch unsere Libido, und zwar umso mehr, umso näher sich der Zyklus zur Ovulationsphase bewegt. Alles in unserem Körper bereitet sich auf die Empfängnis vor, das heißt, wir haben mehr Lust auf Zweisamkeit, wir reagieren empfindlicher auf Berührungen und wir denken auch öfter an Sex.

Starkes Immunsystem

Unser Immunsystem ist in dieser Phase sehr stabil und kann uns gut gegen Infektionen und Viren verteidigen.
Durch den Anstieg von Östrogen werden die Immunzellen aktiviert, das Immunsystem wird hochgefahren. Das bedeutet auch, dass die natürliche Abwehrreaktion unseres Körpers mit dem weiblichen Zyklus schwankt.
Aber warum aktiviert unser Körper die Immunzellen? Ganz einfach, er möchte sicherstellen, dass die Befruchtung der Eizelle einwandfrei abläuft. Quasi alles im Auftrag der Reproduktion. Unser Körper schützt damit die Entstehung von neuem Leben. Für mich ist das ein erneuter Beweis, dass unser Körper jeden Monat aufs Neue Unfassbares leistet.

FOODCOACHING FÜR DEINE FRÜHLINGSPHASE

Die Follikelphase ist perfekt, um deinen Körper optimal für die nächsten Phasen vorzubereiten. Ich habe ja bereits beschrieben, dass unser Verhalten in den einzelnen Zyklusphasen nicht nur Einfluss auf dein aktuelles Wohlbefinden hat, sondern auch die folgenden Phasen beeinflusst. Durch die guten Grundbedingungen fallen uns kleine Anpassungen in der Ernährung sehr leicht, sodass diese Phase auch dazu einlädt, neue Lebensmittel oder Mahlzeiten zu testen.

Der hormonfreundliche Teller

Unser Stoffwechsel ist leicht gedrosselt, dementsprechend haben wir etwas weniger Appetit – leichte Mahlzeiten sind jetzt optimal. Aber auch hier gilt: Niemals die Proteine vernachlässigen! Wir verändern vor allem die Lebensmittelauswahl. Die Verteilung der Makronährstoffe (Proteine, Kohlenhydrate und Fette) entspricht im Großen und Ganzen dem Basisteller für eine hormonfreundliche Ernährung.
Falls du in der Follikelphase intensive Sporteinheiten absolvierst oder einfach mehr trainierst als in den anderen Phasen, dann achte darauf, dass du die Zufuhr von Kohlenhydraten und Proteinen entsprechend anpasst bzw. erhöhst. Da du weniger Appetit hast, kann es sein, dass du weniger isst und dadurch deine Speicher

nicht ausreichend auffüllst. Das führt zu einer schlechteren Regeneration. Bei einem intensiven Training solltest du vor und nach einer Trainingseinheit einen kleinen Snack zu dir nehmen, bestehend aus leicht verdaulichen Kohlenhydraten und etwas Protein.

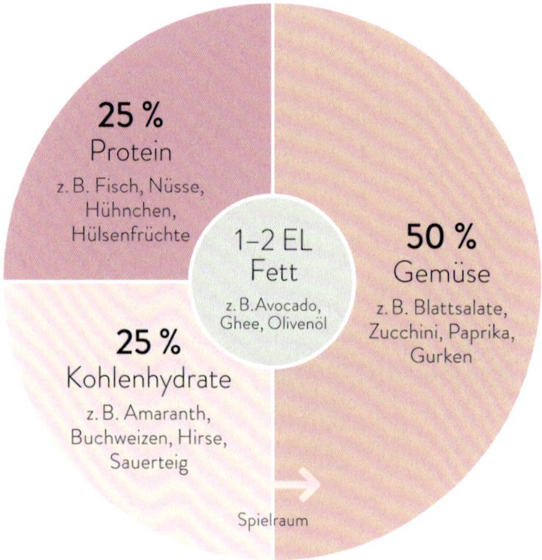

LEICHTE KOST

Da weniger Kalorien verbrannt werden, tun uns leichte Mahlzeiten mit viel frischen Lebensmitteln wie Obst und Gemüse sehr gut. Baue Salate und Bowls mit einem hohen Gemüseanteil in deine Ernährung ein. Achte bei den Gemüsesorten darauf, dass sie nicht so viel Stärke enthalten, wie zum Beispiel Blattgemüse, Gurken, Paprika, Sellerie, Zucchini und Spargel. Deine Gemüseauswahl darf so bunt wie möglich sein, denn so nimmst du eine große Auswahl an Nährstoffen zu dir, die dein Körper in der Vorbereitung auf die Ovulationsphase gut gebrauchen kann. Kräuter und Sprossen sind ebenfalls hervorragende Nährstofflieferanten. Beim Protein solltest du auf fettarme Quellen wie Hühnchen, Eier oder grüne Linsen zurückgreifen. Ich bin ein großer Fan von Kartoffeln als Kohlenhydratquelle. Sie enthalten neben den Kohlenhydraten auch Proteine und resistente Stärke (siehe Kasten).

PHYTOÖSTROGENE

Phytoöstrogene sind Verbindungen, die in pflanzlichen Quellen vorkommen und eine ähnliche Struktur wie Östrogene aufweisen. Sie können an Östrogenrezeptoren binden und sowohl eine östrogenähnliche als auch eine antiöstrogene Wirkung haben. Bei Frauen mit Östrogendominanz können sie die Symptome verringern, indem sie an die Östrogenrezeptoren binden und dadurch die Bindung des körpereigenen Östrogens verhindern.
Hingegen können sie bei Frauen mit eher niedrigen Östrogenspiegeln eine östrogene Wirkung haben und somit den Menstruationszyklus positiv beeinflussen und sogar den Eisprung fördern.
Phytoöstrogene können sich allerdings auch negativ auf den Zyklus auswirken, indem sie bereits sehr hohe Östrogenwerte noch höher ansteigen lassen. Häufige Symptome dafür sind:

- starke oder unregelmäßige Perioden
- schmerzhafte Perioden
- PMS
- Verdauungsprobleme
- Hautprobleme

RESISTENTE STÄRKE

Mein Tipp: Koch Kartoffeln vor. Sobald sie einmal abgekühlt sind, wandelt sich ein Teil der darin enthaltenen Stärke in resistente Stärke um. Resistente Stärke ist für uns unverdaulich, aber eine super Mahlzeit für deine Darmbakterien (siehe Seite 63 f.). Einmal abgekühlte Kartoffeln enthalten also weniger Kalorien und sind gut für die Darmflora. Keine Sorge, du musst die Kartoffeln nicht kalt essen, du kannst sie nach dem Abkühlen wieder aufwärmen.

Mit Phytoöstrogenen die Hormonbalance unterstützen

Phytoöstrogene in die Mahlzeiten zu integrieren, ist vor allem jetzt in der Follikelphase sinnvoll, wenn der Östrogenspiegel ansteigt. So kannst du die Produktion von Östrogen und damit deine Hormonbalance optimal unterstützen. Da sie ausschließlich in pflanzlichen Quellen zu finden sind, passt das perfekt zu deinem hormonfreundlichen Teller in der Follikelphase. Falls du eines oder mehrere der genannten Symptome spürst, solltest du eventuell ein paar Tage auf Lebensmittel, die Phytoöstrogene enthalten, verzichten und beobachten, ob es dir dann besser geht.

Es gibt verschiedene Arten von Phytoöstrogenen: **Isoflavone** findest du in Kichererbsen, Linsen, Sprossen, Rotklee, Bohnen und Soja(produkten). **Lignane** kommen vor allem in Leinsamen, Sesam, Knoblauch, Getreide und Sonnenblumenkernen vor. **Coumestane** findest du in Klee, Sprossen und Luzerne.

SOJAPRODUKTE MIT BEDACHT KONSUMIEREN

Ich weiß, dass sich vor allem viele Frauen vorwiegend pflanzlich ernähren und gerne zu Sojaprodukten greifen, um ihren Proteinbedarf zu decken. Ich persönlich bin ein Fan von einer qualitativ hochwertigen Mischkost, da ich immer wieder beobachte, dass wir tierische Quellen deutlich effizienter verstoffwechseln und auch der Heilungsprozess bei einem unregelmäßigen Zyklus oder einem Zyklus mit starken Beschwerden deutlich besser verläuft. Aber natürlich darf das jede Frau für sich selbst entscheiden.

Sojaprodukte sind meist hochverarbeitet, zum Beispiel Sojamilch, Fleischersatzprodukte oder auch Käse auf Sojabasis. Auch ist Soja mittlerweile extrem genmanipuliert, sodass es in dieser Form keinesfalls gesund sein kann. Falls du Sojaprodukte zu dir nehmen möchtest, rate ich dir deshalb, auf die Qualität der Produkte zu achten und auch mal einen Blick in die Zu-

tatenliste zu werfen. Beispielsweise gibt es bei fermentierten Sojaprodukten, wie Tempeh, wenig Bedenken.

DIE DARMFLORA UNTERSTÜTZEN

In unserem Darm leben Milliarden Bakterien, die in ihrer Gesamtheit als Darmflora bezeichnet werden. Sie beeinflussen so ziemlich alles, von der Laune über das Immunsystem bis hin zur Alterung, es gibt also zahlreiche Wechselwirkungen zwischen deiner Darmflora und deinem Wohlbefinden. Im Kapitel „Der Einfluss des Darms auf die Hormone" gehe ich auf das Thema Verdauung und Darmgesundheit in Verbindung mit deinem Zyklus etwas genauer ein, hier schauen wir uns an, was die Darmbakterien mit unserem Östrogenspiegel zu tun haben.

Das Östrobolom und der Östrogenspiegel

Die meisten Frauen gehen davon aus, dass der Östrogenspiegel vor allem davon abhängt, wie „gut" die Eierstöcke arbeiten, denn dort wird das Hormon ja produziert. Doch auch deine Darmgesundheit hat einen Einfluss auf deine Östrogenspiegel. Im Darm gibt es eine Bakteriengruppe, das Östrobolom, das sowohl für die Zersetzung von Östrogen als auch für die Reaktivierung von Östrogen zuständig ist. Ich möchte kurz auf diesen Prozess eingehen, da ich der Auffassung bin, dass du dann meine Empfehlungen besser anwenden kannst.
Östrogene durchlaufen den Körper, um unterschiedlichste Aufgaben zu erfüllen, danach werden sie in der Leber „deaktiviert". Das deaktivierte Östrogen wandert zum Darm, dort wird es zerlegt und ausgeschieden. Das Östrobolom zerlegt allerdings nicht nur das inaktive Östrogen, sondern es gibt auch Bakterien innerhalb dieser Gruppe, die das Enzym Beta-Glucuronidase freisetzen, welches in der Lage ist, das inaktive Östrogen wieder zu aktivieren. Ist die Zusammensetzung der Mikroorganismen im Darm und damit das Gleichgewicht der Darmflora gestört, werden die Bakterien, die das Östrogen zersetzen, inaktiv und die Bakterien, die das Enzym produzieren, dominieren. Dadurch wird zu viel inaktives Östrogen wieder aktiviert. Unser Darm kann aktives Östrogen allerdings nicht ausscheiden. Also wird es von der Darmschleimhaut wieder resorbiert und gelangt erneut in die Blutbahn. Geschieht dies über einen längeren Zeitraum, kann das zu einer Östrogendominanz führen.
Andersherum kann es aber auch sein, dass sich in unserem Darm zu wenig von den Bakterien befinden, die dieses Enzym produzieren, und somit auch zu wenig Östrogen reaktiviert wird. Solange die Östrogenproduktion in den Eierstöcken optimal verläuft, ist das in Ordnung. Ist das jedoch nicht der Fall, dann wird gegebenenfalls ein Östrogenmangel verstärkt.
Ich denke, das macht deutlich, wie wichtig ein gesunder Darm für unseren Zyklus ist.

Probiotika und Präbiotika

Um deine Darmflora zu unterstützen, empfehle ich dir, regelmäßig fermentierte Lebensmittel in deine Ernährung zu integrieren. Sauerkraut, Kimchi, Sauerteigbrot – alles, was fermentiert ist, ist super für deine Bakterienvielfalt. Denn in fermentierten Lebensmitteln stecken viele gesundheitsfördernde Mikroorganismen – Probiotika –, die durch den Verzehr in deinen Darm gelangen und eine gesunde Darmflora fördern. Achte aber darauf, dass die Lebensmittel nicht hitzebehandelt sind, denn dann sind keine lebenden Bakterien mehr enthalten.
Die guten Darmbakterien wollen allerdings auch gefüttert werden, damit sie in deinem Darm eine Überlebenschance haben, sich vermehren und die schädlichen Bakterien

zurückdrängen können. Das kannst du mit den sogenannten Präbiotika sicherstellen. Dabei handelt es sich um lösliche Ballaststoffe, die vor allem in Gemüse enthalten sind. Beispiele für pro- und präbiotische Lebensmittel findest du auf der Einkaufsliste. Rezepte für Kimchi und ein glutenfreies Sauerteigbrot kannst du auf meiner Website herunterladen:
hannah-willemsen.com/zyklus-balance/rezepte

WOFÜR DU DIE FOLLIKELPHASE NUTZEN KANNST

In der Follikelphase fühlen wir uns wie Superwoman. Und genau das darfst du auch ausleben. Du sprudelst vor Energie, bist leistungsfähig, gut gelaunt und hast Lust, Neues auszuprobieren. Nutze diese Energie, um dir Ziele für die nächsten Wochen und Monate zu setzen. Ganz nach dem Motto „Dream Big" kannst du alles schaffen, was du möchtest.

EIN KREISLAUF

Es ist wichtig zu verstehen, dass die eine Phase nicht an einem Tag ganz plötzlich endet und die nächste am folgenden Tag startet. Es ist ein fließender Übergang und jede Phase hat Einfluss auf die folgenden Phasen. Für diese macht es daher einen Unterschied, ob du in der aktuellen Phase die optimalen Lebensmittel zu dir genommen hast. In jeder einzelnen Phase legst du den Grundstein für die folgende Phase und dafür, wie du dich in dieser fühlen wirst.

Ein Visionboard kreieren

Um deine Wünsche und Ziele festzuhalten, kannst du ein Visionboard kreieren, das dich in regelmäßigen Abständen an deine Träume erinnert. Sammle dafür Bilder, Worte oder Sätze, die deine Ziele und Wünsche illustrieren und dich motivieren – das funktioniert digital und auf Papier. Genau jetzt bist du selbstbewusst genug, um auch größere Träume auszusprechen und zu verwirklichen.

Du kannst deine Ideen, Wünsche und Ziele auch einfach aufschreiben. Folgende Fragen können dir dabei helfen:

- Wenn alles möglich ist – was will ich wirklich?
- Was macht mir am meisten Spaß?
- Worauf möchte ich diesen Monat meinen Fokus legen?
- Was braucht diesen Monat meine Aufmerksamkeit und meine Liebe?

Neues planen und ausprobieren

Brainstorme zu neuen Projekten und plane sie am besten jetzt. Nutze deine Energie, um etwas vorzuarbeiten, sodass du später in der Lutealphase mehr Zeit für dich hast.

Du wolltest schon immer mal ein neues Hobby ausprobieren? Dann ist jetzt der richtige Zeitpunkt dafür. Vielleicht nimmst du eine Freundin mit und ihr testet es zusammen. Denn in der Follikelphase sind wir gerne unter Menschen.

Integriere neue Routinen in deinen Alltag. Dafür brauchst du viel Energie und Durchhaltevermögen – von beidem hast du aktuell viel, also nutz das für dich aus.

Falls du einen starken Drang nach Bewegung spürst, dann mach Sport und bewege dich viel.

EINKAUFSLISTE FÜR DIE FOLLIKELPHASE

In der Follikelphase tendieren wir oft dazu, zu wenig zu essen, da unser Appetit gedämpft ist. Aber genau jetzt ist es unheimlich wichtig, dass wir unserem Körper das geben, was er braucht, um die Hormonproduktion zu unterstützen. Such dir aus der Einkaufsliste die Lebensmittel aus, die du magst.

EINKAUFSLISTE FÜR DIE FOLLIKELPHASE

PROTEINE

Tierisch: Austern aus Wildfang, Bio-Eier, Bio-Hühnerbrust, Bio-Putenhackfleisch, Bio-Rindfleisch aus Weidehaltung, Fisch aus Wildfang, Garnelen aus Wildfang, Innereien (wie Leber)

Pflanzlich: Grüne Erbsen, Hülsenfrüchte, Linsen, Nüsse, Samen und Saaten, Tempeh

KOHLENHYDRATE

Getreide und Körner: Amaranth, Bio-Hafer, Bio-Mais, Buchweizen, Hirse, Naturreis, Quinoa, Sauerteig

Gemüse: Artischocken, Brokkoli, Brokkolisprossen, Erbsen, Grünkohl, Kartoffeln, Kohl, Mais, Mangold, Möhren, Pak Choi, Paprika, Pastinaken, Pilze, Romanasalat, Rote Bete, Rucola, Salatgurken, Seegras, Spargel, Spinat, Sprossen und Keime, Süßkartoffeln, Tomaten

Obst: Ananas, Äpfel, Avocados, Bananen, Birnen, Brombeeren, Erdbeeren, Granatäpfel, Grapefruits, Heidelbeeren, Himbeeren, Kirschen, Kiwis, Limetten, Mangos, Medjool-Datteln, Orangen, Papayas, Wassermelonen, Zitronen, Zuckermelonen

FETTE

Avocados, Bio-Eier, Kokosmilch, Kokosjoghurt, Kokosflocken, Leinsamen, Oliven, Olivenöl, rohe Nüsse, rohe Samen (Hanf, Chia, Kürbis, Sonnenblumen, ungeschälter Sesam), Schafsmilchprodukte, Tahin (Sesampaste), Ziegenmilchprodukte

---

Natürliche Süßstoffe: Ahornsirup, Dattelsirup, roher Honig

Zusätze: Aminosäuren, Proteinpulver, Kollagenpulver

Probiotische Lebensmittel: Fermentiertes Gemüse, Kimchi, Miso, Sauerkraut, Sauerteigbrot, Tempeh

Präbiotische Lebensmittel: Artischocken, Chicorée, Knoblauch, Lauch, Pastinaken, Spargel, Zwiebeln

Enthalten Phytoöstrogene: Bohnen, Kichererbsen, Klee, Knoblauch, Leinsamen, Linsen, Luzerne, Rotklee, Sesam, Sonnenblumenkerne, Sprossen, Tempeh

Leicht und farbenfroh: Amaranth, Brokkolisprossen, frische Blattsalate und grünes Blattgemüse, Gerste, Granatäpfel, Grapefruits, Gurken, Kirschen, Limetten, Linsen, Möhren, Orangen, Paprika, Pflaumen, Quinoa, Reis, Süßkartoffeln, Tomaten, Yambohnen, Zitronen, Zucchini

Tees zur Remineralisierung: Bancha-Tee, Brennnesselblätter, rote Himbeerblätter, Tulsi (indisches Basilikum)

Zubereitung: Dämpfen, einlegen, kurz heiß anbraten, roh (wenn möglich)

Die Ovulationsphase – Leben im Glow

Die Ovulationsphase ist in vielerlei Hinsicht eine sehr spannende Phase. Insbesondere ist es die Phase im Zyklus, in der wir schwanger werden können.

DIE OVULATIONSPHASE – DER SOMMER

Die Ovulationsphase wird auch als Glow-Phase bezeichnet und dem Sommer zugeordnet. Und das siehst du an deiner Haut. Sie strahlt, und zwar dank des hohen Östrogenlevels. Zu diesem Zeitpunkt ist alles in unserem Körper auf Reproduktion ausgerichtet. Unsere Libido steigt und wir wirken anziehender auf andere Menschen. Es kann aber auch sein, dass du dich zu Beginn der Ovulationsphase noch sehr gut fühlst, es dann aber plötzlich umschlägt. Warum das so ist, erkläre ich dir in diesem Kapitel. Und deswegen findest du im Biohacking-Selbsttest auch Fragen, die in beide Richtungen führen.

BIOHACKING-SELBSTTEST

Dein Wohlfühlzustand kann in der Ovulationsphase von Zyklus zu Zyklus schwanken, denn hier erreichen fast alle Hormone (bis auf Progesteron) ihren Höhepunkt.

SO TICKEN KÖRPER UND SEELE JETZT

Die Ovulationsphase ist mit drei bis fünf Tagen zwar die kürzeste Phase in unserem Zyklus, aber auch die wichtigste im Hinblick auf die Fortpflanzung. Ich weiß, nicht jede von uns möchte schwanger werden, aber dafür ist der Zyklus grundsätzlich da. Auch wenn es eine sehr kurze Phase ist, passiert ziemlich viel in unserem Körper.

Wie fühlst du dich in der Spanne der Fruchtbarkeit?

	Ja	Nein	Teilweise
Mir ist schnell kalt.			
Ich habe das Bedürfnis nach Rückzug.			
Ich fühle mich schnell gestresst.			
Ich habe Rücken-/Unterleibs-schmerzen.			
Ich kann mich schwer zu etwas aufraffen.			
Ich bin müde.			
Ich möchte allein sein.			
Warme Mahlzeiten tun mir gut.			

Maximales Hormonlevel – viel Energie und Selbstbewusstsein

In dieser Phase erreichen Östrogen, das luteinisierende Hormon (LH) und das follikelstimulierende Hormon (FSH) ihren Höhepunkt (siehe Abbildung Seite 7). Mit steigendem Östrogenspiegel steigt auch der Dopaminspiegel, und das sorgt für eine gute Stimmung und Konzentrationsfähigkeit und viel Motivation. Dank der hohen Hormonlevel bleibt uns die Energie aus der Follikelphase erhalten. Deswegen spürst du wahrscheinlich auch gar nicht, dass dein Stoffwechsel immer noch leicht gedrosselt ist, um wichtige Nährstoffe für die mögliche Befruchtung einzusparen. Unsere Zellen reagieren wie in der Follikelphase sensitiv auf Insulin, das unterstützt einen stabilen Blutzuckerspiegel und sorgt für ein konstantes Energielevel.
Das Östrogen bewirkt, dass wir uns attraktiv und selbstbewusst fühlen – von Unsicherheit keine Spur. Unsere Libido ist ebenfalls auf dem Höhepunkt und wir sind offener für Berührungen.
Wir haben das Bedürfnis nach Bewegung – auch in der Ovulationsphase kannst du intensiv trainieren, um Energie abzubauen. Jedoch solltest du dich gut aufwärmen, denn das Östrogen bewirkt, dass Bänder und Gelenke instabiler werden, wodurch wir verletzungsanfälliger sind. Außerdem sind wir weniger schmerzempfindlich und merken eventuell nicht, wenn wir über unsere Leistungsfähigkeit hinaus trainieren.
Ein weiterer Nebeneffekt, den viele Frauen gar nicht bewusst wahrnehmen, ist eine veränderte Verdauung in der Ovulationsphase.
Ein deutlicher Anstieg der Körpertemperatur markiert das Ende der Ovulationsphase und den Übergang in die Lutealphase.

Östrogen und Histamin

Es besteht eine Wechselwirkung zwischen Östrogen und dem Gewebehormon Histamin, was sich besonders in dieser Phase zeigen kann. Kommen dir diese Symptome bekannt vor?

- Durchfall
- Hautirritationen
- Rötungen
- Bauchschmerzen
- Blähbauch
- Juckreiz
- Allergiesymptome
- Herzrhythmusstörungen
- Kopfschmerzen

Wenn ja, dann kann es sein, dass du zu den Frauen gehörst, die durch das hohe Östrogen ein zu hohes Level an Histamin aufweisen.
Östrogen löst in den Mastzellen in der Gebärmutter und in den Eierstöcken die Ausschüttung von Histamin aus. Histamin wiederum stimuliert die Eierstöcke, mehr Östrogen auszuschütten. So beginnt ein Kreislauf. Dieser Kreislauf wird verstärkt, indem Östrogen das Enzym Diaminoxidase (DAO) daran hindert, Histamin abzubauen. Das bedeutet, umso mehr Östrogen, desto mehr Histamin.
Histamin ist grundsätzlich nichts Schlimmes, es handelt sich um eine körpereigene Substanz. Wenn wir aber zu viel davon produzieren oder unser Körper es nicht ausreichend abbauen kann, kommt es zu einer Überreaktion des Körpers – zu Symptomen einer Histaminintoleranz. Die Östrogen-Histamin-Connection kann also auch dazu führen, dass du dich während der Ovulationsphase nicht so gut fühlst und mit den oben aufgeführten Symptomen kämpfst.

Stress kann den Eisprung beeinflussen

Vielleicht fühlst du dich in dieser Phase gar nicht so leistungsfähig, wie ich beschrieben habe, sondern eher gestresst und müde. Dann ist das ein Zeichen dafür, dass du dir wahrscheinlich

grundsätzlich zu viel zumutest und zu wenig Auszeiten gönnst. Chronischer Stress ist eine der Hauptursachen für körperliche Symptome und unregelmäßige Zyklen. Wir waren lange in dem Modus „Busy zu sein, ist cool", denn damit haben wir uns wertvoll gefühlt. Wir sind dem Glaubenssatz gefolgt, dass wir nur dann wertvoll sind, wenn wir etwas tun – und aus dem Tun nicht mehr herausgekommen. Diese Haltung ändert sich zum Glück Stück für Stück.
Stress beeinflusst alle Körperfunktionen und kann auch deinen Eisprung verzögern oder ihn komplett aussetzen lassen. Dies ist ein Schutzmechanismus des Körpers, denn eine Schwangerschaft braucht reichlich Energie und Ressourcen. Wenn der Körper aber dauerhaft gestresst ist, ist von beidem nicht genügend vorhanden und die Schwangerschaft ist gefährdet. Ich habe bereits erklärt, dass Cortisol und Insulin oberste Priorität in unserem Hormonsystem haben (siehe Seite 8 f.). Das bedeutet für deine Ovulation, dass dein Körper alle verfügbare Energie nutzt, um die Stresssituation zu bewältigen. Er verwendet keine Energie darauf, schwanger zu werden.

FOODCOACHING FÜR DEINE SOMMERPHASE

Diese Phase ist geprägt durch hohe Östrogenspiegel, die wichtig sind, die wir aber auf keinen Fall noch weiter ansteigen lassen wollen. Ansonsten laufen wir Gefahr, Symptome einer Östrogendominanz zu entwickeln, wie beispielsweise Akne. Anstatt die Östrogenproduktion anzukurbeln, sollten wir in dieser Phase eher darauf achten, dass überschüssiges Östrogen gebunden und wieder aus dem Körper geleitet werden kann. Ein weiterer Fokus liegt auf dem Stoffwechsel, den wir in der „heißen" Phase des Zyklus wunderbar mit erfrischenden Speisen unterstützen können.

Der hormonfreundliche Teller

Erfrischende Mahlzeiten und leichte Lebensmittel unterstützen unseren Stoffwechsel optimal und geben unserem Körper die Nährstoffe, die er für diese wichtige Phase braucht. Durch das hohe Östrogenlevel ist unser Appetit immer noch leicht gedämpft. Mit leichten Speisen kannst du also sehr gut dafür sorgen, dass du dich nach dem Essen angenehm satt fühlst und nicht mit einem Völlegefühl vom Tisch aufstehst. Vor allem kühlende Lebensmittel wie Paprika, Spinat, Beeren, Salate und leichte Kohlenhydrate wie Quinoa tun uns jetzt gut.
Während der Ovulationsphase ist der weibliche Körper vor allem mit dem Aufbau von Hormonen und der Eizelle beschäftigt, das solltest du mit Proteinen in jeder Mahlzeit unterstützen. Erinnere dich außerdem an den Effekt, den Proteine auf unseren Blutzuckerspiegel haben (siehe Seite 15 f.): Wenn du ausreichend Proteine zu dir nimmst, hältst du ihn in Balance und unterstützt dadurch gleichzeitig dein Energielevel.
Und natürlich dürfen auch die gesunden Fette nicht fehlen. An der Menge ändert sich im Vergleich zu der Phase davor nichts, allerdings sollten sie jetzt aus leichten Mahlzeiten stammen. Statt Öl zum Braten zu verwenden, kannst du

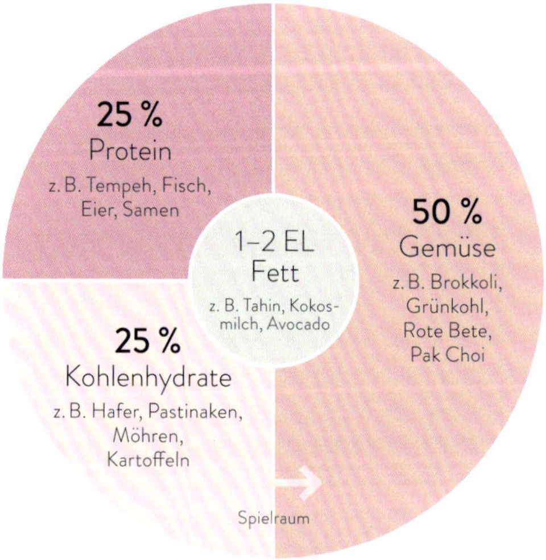

MEINE 80:20-REGEL

Seien wir ehrlich: Niemand möchte für immer auf Süßigkeiten verzichten. Ich halte mich an die 80:20-Regel: 80 Prozent meiner Mahlzeiten sind gesund, ausgewogen und auf den Zyklus abgestimmt; die restlichen 20 Prozent sind für das, worauf ich Lust habe.

mit kalt gepressten Ölen deine Salate pimpen. Dafür eignen sich Olivenöl, Avocadoöl oder auch Hanföl sehr gut. Du kannst aber auch zum Beispiel Nüsse zusammen mit einer Handvoll Obst als Snack essen.

ÖSTROGEN OPTIMAL BINDEN

Um den Übergang in die nächste Phase optimal zu begleiten und nicht in einer Östrogendominanz zu landen, empfehle ich dir, zu Lebensmitteln zu greifen, die Östrogen binden und somit die Ausscheidung von überschüssigem Östrogen unterstützen. Dafür eignen sich grundsätzlich ballaststoffreiche Lebensmittel wie Obst, Leinsamen, Chiasamen und auch Kreuzblütler wie Brokkoli, Kohl, Radieschen, Grünkohl und Kresse. Davon gerne viel und vor allem täglich in den Speiseplan einbauen.

ENTGIFTUNG UNTERSTÜTZEN

Vorab möchte ich mit dem Mythos Entgiftung aufräumen. Die meisten denken dabei an Saftkuren oder Fastenkuren, bei denen der Körper alles Giftige ausscheidet, was ihm jahrelang hinzugefügt wurde. Um es kurz zu machen: Dem ist natürlich nicht so! Unser Körper entgiftet ununterbrochen. Dafür ist hauptsächlich die Leber zuständig, aber sie wird von vielen Organen wie dem Darm, den Nieren und auch der Lunge unterstützt. Wir entgiften nicht nur Substanzen, die schädlich für uns sind, auch Stoffwechselendprodukte und überschüssige Hormone. Die Aufgabe der Leber ist es, den Körper in Balance zu halten und die Entgiftungsprozesse entsprechend zu steuern. Wenn wir uns aber jeden Tag Schadstoffen aussetzen, ist die Leber überfordert und körpereigene Substanzen wie Östrogen können nicht optimal abgebaut werden. Unser Körper entgiftet immer erst externe Substanzen, bevor er körpereigene Abfallprodukte ausscheidet.
Wenn die Entgiftung nicht optimal läuft, kann sich dies in verschiedenen Symptomen äußern:

- Kopfschmerzen, vor allem um den Eisprung herum
- Durchschlafprobleme, vor allem zwischen 2 und 4 Uhr morgens
- Hautprobleme wie Ekzeme und Akne
- Gewichtszunahme
- Blutzuckerstörungen
- Stimmungsschwankungen
- Nährstoffmängel

Die Leber entlasten

Du kannst, wie oben beschrieben, mit ballaststoffreichen Lebensmitteln das Binden von Östrogen und damit den Prozess der Ausscheidung unterstützen. Deine Leber und auch dein Darm arbeiten gerade auf Hochtouren und brauchen ebenfalls wertvolle Nährstoffe. Welche das sind, erfährst du weiter unten. Zunächst schauen wir uns einmal an, wie es dir gelingt, deine Leber nicht zusätzlich zu belasten. Dafür solltest du auf bestimmte Lebensmittel verzichten, wie zum Beispiel raffinierte Kohlenhydrate. Sie belasten nicht nur deinen Blutzuckerspiegel, sondern können auch in Form von Fett in deiner Leber gespeichert werden und mit der Zeit zu einer Fettleber führen. Für die Leber ist es immer schwieriger, ihre Aufgabe – die Entgiftung – zu erfüllen. Greife also vor allem zu komplexen, unverarbeiteten Kohlenhydraten.

Wenig Alkohol

In der Ovulationsphase solltest du auf Alkohol verzichten oder ihn nur in geringen Mengen trinken. Alkohol ist Gift für den Körper und für die Leber ist es harte Arbeit, ihn wieder auszuscheiden. Da unser Körper erst die externen Substanzen entgiftet, blockiert Alkohol die Entgiftung von Östrogen. Hinzu kommt, dass Alkohol die Östrogenproduktion steigern kann und die Umwandlung von Testosteron in Östrogen fördert. Einige alkoholische Getränke, insbesondere Rotwein und bestimmte Biere, können Histamin in unterschiedlichen Mengen enthalten, das fördert zusätzlich die Östrogenproduktion. All diese Vorgänge können zu einer Östrogendominanz führen.

Die Leber unterstützen

Du solltest in dieser Phase also einige Lebensmittel aus deinem Ernährungsplan streichen. Doch es gibt auch Lebensmittel, mit denen du deiner Leber Gutes tun kannst. Deine Leber liebt alles, was bitter schmeckt, wie zum Beispiel Rucola und Chicorée, Löwenzahn und Mariendistel (auch gerne in Form von Tee) und dunkle Schokolade. Zwiebeln und Knoblauch können die Eigensynthese von Glutathion steigern und so die Entgiftung unterstützen. Glutathion bindet und neutralisiert toxische Substanzen, einschließlich Schwermetalle und Umweltgifte, und unterstützt deren Ausscheidung aus dem Körper.
Eier sind ebenfalls eine tolle Wahl, denn sie enthalten Cholin, das im Entgiftungsprozess ebenfalls eine wichtige Rolle spielt.

WOFÜR DU DIE OVULATIONSPHASE NUTZEN KANNST

Ich nutze diese Phase gerne für unangenehme Arzttermine wie Zahnarzttermine oder auch Blutabnahmen. Durch das Östrogen sind wir weniger schmerzempfindlich und können solche Untersuchungen besser ertragen.

Selbstbewusstsein nutzen

Deine besondere Ausstrahlung, die du in dieser Phase besitzt, und dein Selbstbewusstsein kannst du im beruflichen Alltag nutzen. Jetzt ist eine gute Zeit, um Präsentationen oder Workshops zu halten, große Projekte anzustoßen und liegen gebliebene Aufgaben zu erledigen. Gehaltsverhandlungen wirst du jetzt wahrscheinlich auch selbstbewusster führen als in den anderen Zyklusphasen.

Mit anderen aktiv sein

Triff dich mit Freunden, verbringe Zeit mit deiner Familie, nutzt die aktuelle Energie und Leichtigkeit, um schöne Aktivitäten zu erleben. Und damit du etwas von diesem Gefühl mit in die kommenden Phasen nehmen kannst, schreib deine Gedanken, Gefühle und Erlebnisse auf.

Lust erleben

In dieser Zeit verspüren wir mehr Lust auf Zweisamkeit, reagieren sensibler auf Berührungen und können dadurch auch intensivere Orgasmen erleben. Wenn dir danach ist, dann lebe dies aus und nutze die Phase, um eventuell auch im Bett Neues auszuprobieren.

EINKAUFSLISTE FÜR DIE OVULATIONSPHASE

In der Ovulationsphase befindet sich deine Fruchtbarkeit auf dem Höhepunkt. Der Körper bereitet sich auf die Möglichkeit einer Schwangerschaft vor und benötigt spezielle Nährstoffe und Lebensmittel. Die Einkaufsliste auf der folgenden Seite zeigt dir, was du brauchst, um die Bedürfnisse deines Körpers in dieser Phase zu decken.

EINKAUFSLISTE FÜR DIE OVULATIONSPHASE

PROTEINE

Tierisch: Austern aus Wildfang, Bio-Eier, Bio-Hühnerbrust, Bio-Putenhackfleisch, Bio-Rindfleisch aus Weidehaltung, Fisch aus Wildfang, Garnelen aus Wildfang, Innereien (wie Leber)

Pflanzlich: Grüne Erbsen, Hülsenfrüchte, Linsen, Nüsse, Samen und Saaten, Tempeh

KOHLENHYDRATE

Getreide und Körner: Amaranth, Bio-Hafer, Bio-Mais, Buchweizen, Hirse, Naturreis, Quinoa, Sauerteig

Gemüse: Artischocken, Brokkoli, Brokkolisprossen, Erbsen, Grünkohl, Kartoffeln, Kohl, Mais, Mangold, Möhren, Pak Choi, Paprika, Pastinaken, Pilze, Romanasalat, Rote Bete, Rucola, Salatgurken, Seegras, Spargel, Spinat, Sprossen und Keime, Süßkartoffeln, Tomaten

Obst: Ananas, Äpfel, Avocados, Bananen, Birnen, Brombeeren, Erdbeeren, Granatäpfel, Grapefruits, Heidelbeeren, Himbeeren, Kirschen, Kiwis, Limetten, Mangos, Medjool-Datteln, Orangen, Papayas, Wassermelonen, Zitronen, Zuckermelonen

FETTE

Avocados, Bio-Eier, Kokosmilch, Kokosjoghurt, Kokosflocken, Leinsamen, Oliven, Olivenöl, rohe Nüsse, rohe Samen (Hanf, Chia, Kürbis, Sonnenblumen, ungeschälter Sesam), Schafsmilchprodukte, Tahin (Sesampaste), Ziegenmilchprodukte

---

Natürliche Süßstoffe: Ahornsirup, Dattelsirup, roher Honig

Zusätze: Aminosäuren, Proteinpulver, Kollagenpulver

Zur Entwässerung: Antioxidantienreiche Früchte, Brokkolisprossen, Hülsenfrüchte wie Linsen oder Mungobohnen, Kreuzblütler (Brokkoli, Kohl, Radieschen, Grünkohl), rohe Möhren und roher Möhrensalat

Für die Östrogenbindung: Brokkoli, Chiasamen, Grünkohl, Kohl, Kresse, Leinsamen, Obst, Radieschen

Für die Leber: Bio-Eier, Chicorée, dunkle Schokolade, Knoblauch, Löwenzahn, Mariendistel, Rucola, Zwiebeln

Leicht und farbenfroh: Amaranth, Brokkolisprossen, frische Blattsalate und grünes Blattgemüse, Gerste, Granatäpfel, Grapefruits, Gurken, Kirschen, Limetten, Linsen, Orangen, Paprika, Pflaumen, Quinoa, Reis, rohe Möhren oder Möhrensalate, Süßkartoffeln, Tomaten, Zitronen, Zucchini

Tees für die Östrogenentgiftung: Ingwer, Kurkuma, Löwenzahnwurzel, Mariendistel

Tees zur Linderung von Blähungen und Krämpfen: Fenchel, Kamille, Pfefferminze

Zubereitung: Dämpfen, kurz heiß anbraten, roh (wenn möglich)

Die Lutealphase – langsames Herunterfahren

Die Lutealphase ist die längste Phase im Zyklus und auch die Phase, in der die meisten Frauen körperliche und mentale Probleme haben, Stichwort PMS.

DIE LUTEALPHASE – DER HERBST

In dieser Phase passiert erneut einiges in deinem Körper. Die ersten Tage werden sich noch nach Eisprungphase anfühlen, bis Östrogen und Testosteron zu sinken und Progesteron zu steigen beginnen. Ab da wirst du merken, dass du weniger Energie hast, deine sehr positive energetische Stimmung aus der Phase davor sich wandelt und du ruhiger und in dich gekehrter wirst. Nach dem Jahreszeitenmodell sind wir in der Lutealphase im Herbst.
In dieser Phase ist es besonders wichtig, dass du regelmäßig in dich hineinfühlst und schaust, wie es dir geht. Da diese Phase 10 bis 16 Tage dauern kann und es innerhalb dieses Zeitraums einige Hormonschwankungen gibt, kann sich dein Gefühlszustand immer wieder ändern.
Am besten unterstützt du deinen Körper in der Lutealphase, indem du auf ihn hörst und genau das tust, wonach dir ist. Hierfür kannst du wunderbar den Selbsttest nutzen.

BIOHACKING-SELBSTTEST

Es ist normal, dass du jetzt weniger Energie hast und allein sein möchtest. Wenn du allerdings unter körperlichen Symptomen wie Heißhunger, Wassereinlagerungen und starken Krämpfen leidest und das Gefühl hast, du sinkst mental in ein schwarzes Loch, dann darfst du mehr auf dich achten und dich um dich selbst kümmern.

Wie fühlst du dich in der Phase des Rückzugs?

	Ja	Nein	Teilweise
Ich habe Heißhunger.			
Ich habe Stimmungsschwankungen.			
Ich habe Wassereinlagerungen.			
Ich habe Krämpfe.			
Ich bin müde.			
Mir ist nach Alleinsein.			
Ich bin gereizt.			
Mir ist nach Ruhe.			

SO TICKEN KÖRPER UND SEELE JETZT

In der Lutealphase ist – hormonell gesehen – wieder viel los (siehe Abbildung Seite 7). Nach dem Eisprung fängt deine Körpertemperatur an zu steigen, sie kann jetzt bis zu 1 Grad Celsius höher sein als in der Ovulationsphase. Das hat direkten Einfluss auf unseren Stoffwechsel.

Das Östrogenlevel fällt ab, der Progesteronspiegel steigt an

Das hohe Östrogenlevel fällt langsam ab, der Progesteronspiegel steigt an. Schließlich spielt Progesteron eine wichtige Rolle bei der Aufrechterhaltung einer Schwangerschaft.
Für dein Wohlbefinden ist das Verhältnis von Progesteron zu Östrogen entscheidend. Jetzt sollte Progesteron das dominierende Hormon sein, ist das nicht der Fall, besteht eine Östrogendominanz bzw. eine relative Östrogendominanz, die zu PMS-Symptomen führen kann.
Typische PMS-Symptome sind:

- Erschöpfung
- Blähbauch
- Gewichtszunahme
- Stimmungsschwankungen
- Hautunreinheiten
- Kopfschmerzen
- Schwindel
- Krämpfe

Ich bin mir ziemlich sicher, dass auch du schon mindestens eins dieser Symptome in den 14 Tagen vor deiner Periode erlebt hast. Etwa die Hälfte aller Frauen weltweit hat PMS-Symptome und ca. 91 Prozent der Frauen erleben mindestens eines dieser Symptome jeden Monat. Die meisten denken, dies sei normal. Ich bin jedoch fest davon überzeugt, dass die Natur das so nicht gewollt hat. PMS ist auf ein Ungleichgewicht der Hormone zurückzuführen, das beispielsweise durch zu viel Stress, eine zyklusunfreundliche Ernährung, Schlafmangel, einen nicht intakten Darm und/oder Nährstoffmängel ausgelöst wird. Wenn ich mit meinen Kundinnen in all diesen Bereichen an kleinen Stellschrauben drehe, verläuft der nächste Zyklus meist schon viel positiver und viele der PMS-Symptome verschwinden.

RELATIVE ÖSTROGENDOMINANZ

Eine relative Östrogendominanz bedeutet, dass dein Östrogenlevel zwar im Normbereich liegt, aber dein Körper zu wenig Progesteron produziert. Die Hormone befinden sich im Ungleichgewicht, es besteht ein relativer Östrogenüberschuss. Dies kann Symptome einer Östrogendominanz auslösen. Wir benötigen Progesteron, um die Wirkung des Östrogens zu dämpfen.

Stimmungsschwankungen

In der Lutealphase sind Stimmungsschwankungen vollkommen normal. Denn Progesteron hat eine entspannende Wirkung auf uns, es wirkt wie ein Antidepressivum. Zusätzlich sorgt das Östrogen für ein hohes Serotoninlevel (Glückshormon). Beide Hormone fallen aber kurz vor der Periode ab und damit verlassen uns auch die positiven Gefühle und Gedanken.
Es ist also logisch, dass wir ein oder zwei Tage etwas schlechter gelaunt sind. Kommt jedoch noch ein Hormonungleichgewicht dazu, dann verstärken sich die Stimmungsschwankungen und setzen auch schon früher ein. Das ist der Fall, wenn der Progesteronspiegel zu niedrig ist. Aber auch zu viel Östrogen hat Auswirkungen auf unsere Laune, denn umso höher der Östro-

genspiegel, umso stärker fällt er ab und damit ist das Stimmungstief deutlicher zu spüren. Ebenso wirkt sich eine Östrogendominanz auf unsere Stimmung aus.

Insulin, Blutzucker und Kalorienbedarf

Während unsere Insulinsensitivität in den Zyklusphasen davor sehr hoch war, ist sie nun in der Lutealphase deutlich niedriger. Das heißt, unser Blutzuckerspiegel ist automatisch höher, da die Glukose nicht so effektiv in die Zellen aufgenommen wird. Hinzu kommt, dass das Stresshormon Cortisol in der Lutealphase erhöht ist. Das führt ebenfalls zu einem Blutzuckeranstieg. Und auch unser Stoffwechsel verändert sich, wir verbrennen täglich bis zu 250 Kalorien mehr als vorher.

Diese drei Faktoren haben einen enormen Einfluss auf unser Essverhalten. Unser Körper verstoffwechselt Kohlenhydrate schlechter, es ist also schwieriger für ihn, daraus Energie zu gewinnen. Erhöhte Cortisolwerte führen zu hohen Blutzuckerwerten, die anschließend wieder rasant abfallen. Und das führt zu Heißhunger. Durch den höheren Kalorienverbrauch haben wir einen gesteigerten Appetit, passen aber unsere Kalorienzufuhr meist nicht an. Alles zusammen führt dazu, dass wir eher zu ungesunden und zuckerhaltigen Lebensmitteln greifen, um schnell unsere Energiespeicher aufzufüllen. Doch damit tun wir uns nichts Gutes, sondern verschlimmern die Situation nur: Hallo, Blutzucker-Achterbahn!

Wir fühlen uns schlecht und schwach, weil wir dem Genuss nicht widerstehen können. Gedanken wie „Nichts halte ich durch", „Ich fühle mich fett und hässlich" kreisen durch unseren Kopf und die Stimmung wird immer schlechter. Wir versuchen mit Diäten und mehr Sport dagegen anzukommen und hoffen, die Situation damit zu verbessern. Tun wir aber nicht. Damit machen wir alles nur noch schlimmer!

Das wäre zum Beispiel eine sehr hilfreiche Info, wenn wir Frauen über unseren Zyklus aufgeklärt werden. Ich habe mehr als 20 Jahre gebraucht, um es herauszufinden – dies zu wissen, hätte mir die eine oder andere Schlemmerei erspart. Diäten und intensive Sporteinheiten sind in dieser Phase nicht das, was dein Körper braucht. Sie sorgen dafür, dass der Cortisolspiegel in dieser Phase noch mehr ansteigt, dadurch kann es jedoch zum Einbruch der Progesteronproduktion kommen. Das ist fatal, denn wir wissen ja, dass Progesteron das wichtigste Hormon in dieser Phase ist.

Stress

Der Kreislauf, den ich gerade beschrieben habe, löst in den meisten Frauen zusätzlich Stress aus. Hinzu kommt eventuell der Schlafmangel durch PMS, Druck auf der Arbeit und Stress, den wir uns selbst machen, weil wir nicht alles schaffen, was wir uns vorgenommen haben. Fazit: Unser Stresslevel steigt.

Progesteron entsteht im Körper aus Pregnenolon. Dies ist eine Vorläufersubstanz für verschiedene Hormone, unter anderem für Cortisol. Wenn unser Körper sich entscheiden muss, wird er sich immer für die Produktion von Cortisol entscheiden, und das zu Lasten der Progesteronproduktion. Zu viel Stress führt uns also direkt in eine relative Östrogendominanz. Progesteronmangel kann es übrigens erschweren, schwanger zu werden bzw. die Schwangerschaft zu erhalten.

Stress in der Lutealphase kann auch direkt Einfluss auf deine Menstruationsphase und deine Periode nehmen. Es wurde beobachtet, dass Frauen mit viel Stress kürzere Zyklen erleben und auch kürzere Perioden haben. Außerdem kann es verstärkt zu Krämpfen kommen und die

Blutung an sich kann sich verändern: Klumpen, sehr dunkles oder sehr helles Blut, frühzeitige Blutung oder auch eher dickflüssiges Blut können ein Anzeichen für zu viel Stress sein.

Immunsystem

Während wir dank des Östrogens in der Follikel- und Ovulationsphase ein starkes Immunsystem haben, fährt unser Körper die Immunfunktion in der Lutealphase herunter. Man vermutet, dass Progesteron hier eine wichtige Rolle spielt. Das ist schlau von der Natur, denn eine befruchtete Eizelle ist nicht mehr körpereigen und könnte bei einem sehr aktiven Immunsystem als Eindringling angesehen werden. Durch das Herunterfahren des Immunsystems wird also eine Schwangerschaft begünstigt. Solange deine Hormone in Balance sind, wirst du davon sehr wahrscheinlich nur wenig bis gar nichts mitbekommen. Ansonsten bedeutet das für dich, dass du leichter eine Erkältung bekommen kannst oder dich vielleicht etwas kränklich fühlst.

FOODCOACHING FÜR DEINE HERBSTPHASE

Nach dem Jahreszeitenmodell sind wir in der Lutealphase im Herbst. Und das bedeutet ganz klar Rückzug und einen Gang herunterschalten. Jetzt ist es besonders wichtig, auf deine Körpersignale zu hören und weniger auf die Außenwelt. Bei der Ernährung darfst du allerdings etwas mehr Gas geben, denn dein Körper braucht jetzt nicht nur viele Nährstoffe, sondern auch mehr Kalorien.

Der hormonfreundliche Teller

Viele Frauen haben in dieser Zyklusphase Heißhunger. Das kann einerseits daran liegen, dass unser Körper weniger sensitiv auf Insulin reagiert, andererseits erlebe ich es immer wieder, dass Frauen ihre Ernährung nicht an das erhöhte Kalorienbedürfnis anpassen. Um deinen Körper mit ausreichend Kalorien zu versorgen, gibt es drei Möglichkeiten:

Variante A: Du kannst auf kalorienreichere Lebensmittel zurückgreifen, indem du zum Beispiel die Menge an fettreichen Lebensmitteln auf deinem Teller erhöhst. Dies unterstützt übrigens auch deinen Blutzuckerspiegel, da Fette sehr viel länger brauchen, um verstoffwechselt zu werden, und der Blutzucker dadurch langsamer ansteigt.

Variante B: Als zweite Möglichkeit kannst du einfach etwas größere Portionen essen.

Variante C: Die dritte Variante ist, einen zusätzlichen Snack am Tag zu essen. Dieser sollte unbedingt Proteine und Fette enthalten. Ich bin ein großer Fan von Energyballs oder gerösteten Nüssen, die du ganz einfach selbst zubereiten kannst (siehe Rezepte Seite 137 und 139).
Wenn du unschlüssig bist, welche der drei Varianten dir am ehesten zusagt, dann probiere es einfach aus. Du wirst schnell merken, was sich für dich im Alltag am leichtesten umsetzen lässt und womit es dir persönlich am besten geht.

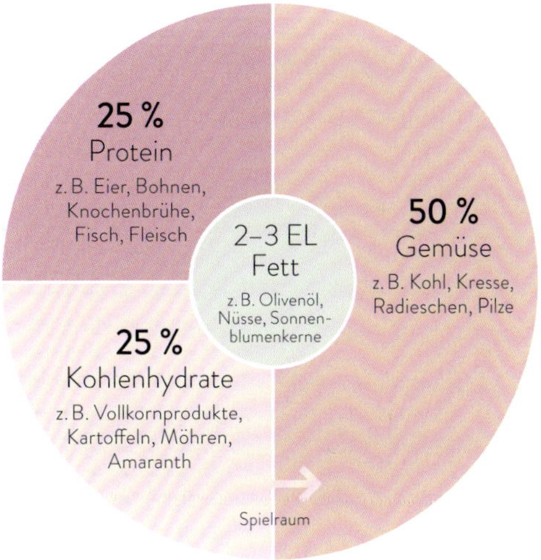

PROTEINE

Für deinen Blutzuckerspiegel ist es in der Lutealphase besonders wichtig, dass jede deiner Mahlzeiten Proteine enthält. Und damit meine ich wirklich jede Mahlzeit!

HEISSHUNGERATTACKEN VERMEIDEN

Um Heißhungerattacken zu vermeiden, solltest du zu vollwertigen Kohlenhydratquellen mit einem hohen Anteil an Ballaststoffen greifen. Naturreis, Süßkartoffeln, Kartoffeln und Hirse sind hervorragende Quellen. Sie unterstützen zusätzlich die Produktion der Glückshormone Serotonin und Dopamin. Auch mit der Wahl deiner Gemüsesorten kannst du direkten Einfluss auf deine Stimmung nehmen. Vor allem stärkehaltiges Gemüse, das auch etwas süßer schmeckt, unterstützt die Produktion deiner Glückshormone und hilft gegen depressive Verstimmungen und Stimmungsschwankungen. Durch den süßen Geschmack wird auch oft die Lust auf Süßigkeiten befriedigt.
Dieses stärkehaltige Gemüse enthält auch Ballaststoffe und viele Mikronährstoffe, die sich positiv auf die Progesteronproduktion und die Bindung von Östrogenen auswirken: Karotten, Kürbis, Süßkartoffeln, Yamswurzel, Maniok, Mais, Pastinaken und Rote Bete.

PROGESTERONPRODUKTION UNTERSTÜTZEN

Wie oben beschrieben, gehört ein zu niedriger Progesteronspiegel zu den Ursachen für PMS. Hier kannst du mit der Ernährung einiges bewirken. Führe deinem Körper die Nährstoffe zu, die er braucht, um ausreichend Progesteron zu produzieren. Das sind insbesondere Vitamin C, Zink, Magnesium und Vitamin B6.

Vitamin C kann nachweislich die Progesteronproduktion erhöhen. Bei Frauen, die täglich 750 Milligramm Vitamin C einnahmen, stieg der Progesteronspiegel um 77 Prozent. In einigen Fällen kann eine Supplementation von Vitamin C sinnvoll sein. Ich empfehle meist eine Tagesdosis von 1000 Milligramm.
Paprika, Brokkoli, Erdbeeren, Kiwi, Grünkohl und Orangen enthalten viel Vitamin C.

Zink ist an zahlreichen Prozessen beteiligt, die die Progesteronproduktion beeinflussen. Zink erhöht die Produktion von FSH, das gut für die Follikelreifung ist und in der Folge auch für eine gesunde Eizelle und eine gute Qualität des Gelbkörpers sorgt. Letzteres ist wichtig für die Progesteronproduktion. Falls ein Progesteronmangel besteht, kann Zink in Hinblick auf die nächsten Zyklusphasen unterstützend wirken. Kürbiskerne, Nüsse, hochwertiges Rindfleisch, Austern und Haferflocken enthalten viel Zink.

Magnesium hilft bei der Regulation unserer Hormone und kann auch das Progesteronlevel anheben. Es unterstützt die Regulation der Hypophyse, welche FSH und TSH (Schilddrüsenhormon) produziert, die wiederum Einfluss auf die Progesteronproduktion haben.

MAGNESIUM SUPPLEMENTIEREN

Magnesium ist übrigens ein Supplement, das ich jedem empfehle, denn es ist ein Co-Faktor für ganz viele Prozesse im Körper. Mit einem Magnesiumkomplex aus Magnesiummalat, Magnesiumtaurat und Magnesiumbisglycinat und einer Dosierung von 300 Milligramm täglich habe ich sehr gute Erfahrungen gemacht.

Spinat, Fisch, dunkle Schokolade mit mindestens 70 Prozent Kakaoanteil, Nüsse und Samen enthalten viel Magnesium.

Vitamin B6 kann ebenfalls die Progesteronproduktion unterstützen, es wird auch häufig bei Kinderwunsch eingesetzt. Außerdem wirkt es sich positiv auf einen stabilen Blutzucker aus. Sonnenblumensamen, Fisch, Truthahn und getrocknete Früchte enthalten Vitamin B6.

ÖSTROGEN BINDEN

Zu Beginn der Lutealphase sinkt der Östrogenspiegel ein wenig und gegen Ende der Phase – kurz vor deiner Menstruation – fällt er zusammen mit dem Progesteronspiegel komplett ab. Viele Frauen versuchen die Produktion der Hormone anzuregen, was auch richtig und gut ist. Aber was unser Körper produziert, muss auch wieder ausgeschieden werden. Das ist genauso essenziell für unsere Hormonbalance wie die Produktion. Die Bindung von überschüssigem Östrogen kannst du ebenfalls wunderbar mit ballaststoffreichen Lebensmitteln unterstützen. Vollkornprodukte, Gemüse, Samen und Kerne sind in dieser Phase eine gute Wahl.

Sprossen und Microgreens

Ich weiß, dass viele auf der Suche nach der Wunderpille sind. Einfach eine Kapsel einschmeißen, und schon wird alles besser. Leider muss ich dich enttäuschen, eine solche Pille gibt es nicht. Aber es gibt Wunderlebensmittel, die uns die Natur bereitstellt.
Dazu gehören Sprossen und Microgreens – kleine Nährstoffbomben mit tollen Effekten. Sie enthalten trotz ihrer kleinen Größe sehr viele Nährstoffe. Indem du die Samen einer Pflanze keimen lässt, erhältst du Sprossen bzw. Sprösslinge, das kannst du ganz leicht zu Hause machen. Wenn du diese Sprösslinge weiterwachsen lässt, bilden sich kleine Blättchen – diese Minipflanzen werden als Microgreens bezeichnet. Du kannst sie zum Beispiel aus dem Saatgut von Brokkoli, Mungobohnen, Spinat, Kichererbsen oder Radieschen ziehen. Zahlreiche Anleitungen dafür findest du im Internet.
Ein gutes Beispiel für die Power der Winzlinge sind Brokkolisprossen: Sie enthalten Sulforaphan (Senföl), das nicht nur hervorragend gegen Entzündungen wirkt. Es hat auch positive Wirkungen auf den Östrogenstoffwechsel, indem es die Ausleitung unterstützt und dabei die Entstehung von Brust- und Eierstockkrebs verhindern kann. So können Brokkolisprossen auch PMS-Symptome wie Wassereinlagerungen und Akne reduzieren.

Wassereinlagerungen

Fast jede Frau kennt es, du vermutlich auch: Du wachst morgens auf und plötzlich kannst du Hände und Füße nicht mehr so richtig bewegen. Die Ringe gehen nur schwer von den Fingern ab, dein Gesicht sieht aufgequollen aus und Hosen und Schuhe sitzen irgendwie auch enger. Du fühlst dich, als hättest du über Nacht fünf Kilo zugenommen, stellst dich auf die Waage und die zeigt tatsächlich zwei Kilogramm mehr an. Diesen Effekt habe ich bereits beschrieben (siehe Seite 17). Schuld sind die Wassereinlagerungen, die vor allem in der

DIE LEBER UNTERSTÜTZEN

Sobald das überschüssige Östrogen gebunden wurde, muss es von der Leber ausgeschieden werden. Diesen Prozess kannst du zusätzlich unterstützen, indem du auch in der Lutealphase auf Alkohol und Koffein verzichtest bzw. den Konsum herunterfährst.

vierten Phase deines Zyklus auftreten können. Dagegen hilft eine zyklische Ernährung mit den richtigen Nährstoffen und Bewegung.

Träge Verdauung

Progesteron ist das Hormon, das alles entspannt, und das merkst du sehr wahrscheinlich auch bei deiner Verdauung. Für den Darm ist diese „Trägheit" aber nicht immer von Vorteil. Wenn sich auch die Muskelgruppen im Darm entspannen, verlangsamt sich die Darmtätigkeit. Das kann dazu führen, dass du seltener auf die Toilette musst oder sogar unter Verstopfungen leidest. Ein Blähbauch kann eine Begleiterscheinung davon sein.
Mit einer ballaststoffreichen Ernährung, wie ich sie in dieser Phase empfehle, kannst du deine Verdauung unterstützen. Auch regelmäßige Bewegung in Form von Spaziergängen, Yoga und Dehnübungen mobilisieren den Darm.

WOFÜR DU DIE LUTEALPHASE NUTZEN KANNST

Du darfst dich in dieser Phase des Zyklus bewusst zurücknehmen und auf dich achten. Passe deine Prioritäten an und plane mehr Zeit für dich und deine Selfcare ein. Umso weniger du jetzt tust, umso besser wird es dir gehen. Befreie dich von dem Druck, immer alles leisten und schaffen zu müssen. Dein Körper hat Priorität. Ob du auf der Couch liegst, die nächste Präsentation vorbereitest oder die Küche putzt – du bist immer wertvoll!

Nichts tun

Nutze diese Phase dafür, auch mal nichts zu tun. Wenn dir das schwerfällt, habe ich folgende Übung für dich:

- Setze dich für 5 Minuten auf die Couch, ohne Handy, ohne TV und auch ohne Buch. Nur du und die Couch. Stell dir einen Timer und mache 5 Minuten lang einfach gar nichts. Sei nur mit dir.
- Du schaffst das locker? Dann steigere die Zeit auf 10 Minuten.
- Fällt es dir schwer, dann übe es immer wieder. Versuche, die innere Unruhe, das Gefühl, etwas tun zu müssen, auszuhalten.

Stress reduzieren

In dieser Phase kannst du wunderbar üben, Nein zu sagen und zu kommunizieren, dass du Zeit für dich brauchst. Achte darauf, dass du jetzt nur Dinge tust, die dir guttun. Stress können wir jetzt absolut nicht gebrauchen. Verwöhne dich mit einer Massage oder einem Saunatag. Triff dich mit Freunden, mit denen du dich wohlfühlst. Yoga, Entspannungsübungen, Stretching oder auch ein warmes Bad können jetzt genau das Richtige für dich sein.
Zu viele verschiedene Reize können jetzt schnell Stress auslösen. Wenn möglich, entscheide dich eher für das Homeoffice als für das Büro und versuche anstrengende Meetings in eine andere Zyklusphase zu verschieben. Falls negative Emotionen und Gedanken hochkommen, lasse sie zu und schreibe sie auf. Unsere Energie ist nach innen gerichtet, das können wir super dafür nutzen, um uns mit Themen

MAGNESIUMBÄDER

Unser Körper ist auch in der Lage, Substanzen über die Haut aufzunehmen. Deswegen empfehle ich meinen Kundinnen vor allem in der Lutealphase sehr gerne Magnesiumbäder. Dafür gibst du einfach Magnesiumflocken aus Magnesiumchlorid in dein Badewasser. Magnesiumbäder können bei Wassereinlagerungen, Kopfschmerzen und allgemeinem Stress helfen.

intensiver auseinanderzusetzen. Nimm deine innere Kritikerin nicht als Feind wahr, sondern nutze sie, um Situationen aus einem anderen Blickwinkel zu betrachten. Spüre in dich hinein und frage dich, ob von den negativen Dingen etwas gehen darf – und lass es los.

Zeit zum Kuscheln

Nach dem Eisprung fällt der Oxytocinspiegel ab. Oxytocin ist unser Bindungs- und Kuschelhormon und es kann sein, dass dir nicht nach Kuscheln oder körperlicher Stimulation ist. Vielleicht hast du auch weniger Lust auf Sex, möchtest aber gerne in den Arm genommen werden. Sprich darüber mit deinem Partner oder deiner Partnerin. Solltest du Lust auf intime Berührungen haben, dann versuche ein längeres Vorspiel einzubauen. Denn in dieser Phase brauchen wir Frauen etwas länger, um zum Höhepunkt zu kommen.

Leichtes Training

Deine sportlichen Aktivitäten solltest du ebenfalls der Zyklusphase anpassen und eher auf leichte Trainingseinheiten umsteigen. Aufgrund des hohen Progesteronspiegels bauen wir schlechter Muskeln auf und regenerieren auch langsamer. Regeneratives Training kann dich jetzt sehr gut unterstützen.
In meinen Coachings erlebe ich es immer wieder, dass Frauen in dieser Phase zu intensiv trainieren und sich der Zyklus dadurch verkürzt oder PMS-Symptome auftreten. Im ersten Teil der Lutealphase kannst du dich noch leistungsfähig fühlen und auch Lust auf intensivere Sporteinheiten haben. Wenn dem so ist, dann trainiere nach deinem Bauchgefühl. Doch ab der zweiten Hälfte der Lutealphase nimmt die Motivation meist ab und uns ist mehr nach entspannteren Sporteinheiten. Probiere es doch mal mit Yoga, Pilates oder Barre-Training statt mit Kraft- und Intervalltraining.

EINKAUFSLISTE FÜR DIE LUTEALPHASE

Der Stoffwechsel läuft auf Hochtouren und Progesteron ist im Umlauf, sodass du mehr Heißhunger und einen größeren Appetit verspürst. Hab deswegen ausreichend Proteine und Fette auf Vorrat, um deinen Blutzuckerspiegel stabil zu halten und um deine Stimmung und dein Energieniveau zu unterstützen. Rechts findest du eine Einkaufsliste für diese Phase.

EINKAUFSLISTE FÜR DIE LUTEALPHASE

PROTEINE

Tierisch: Austern aus Wildfang, Bio-Eier, Bio-Hühnerbrust, Bio-Putenhackfleisch, Bio-Rindfleisch aus Weidehaltung, Fisch aus Wildfang, Garnelen aus Wildfang, Innereien (wie Leber)

Pflanzlich: Grüne Erbsen, Hülsenfrüchte, Linsen, Nüsse, Samen und Saaten, Tempeh

KOHLENHYDRATE

Getreide und Körner: Amaranth, Bio-Hafer, Bio-Mais, Buchweizen, Hirse, Naturreis, Quinoa, Sauerteig

Gemüse: Artischocken, Brokkoli, Brokkolisprossen, Erbsen, Grünkohl, Kartoffeln, Kohl, Mais, Mangold, Möhren, Pak Choi, Paprika, Pastinaken, Pilze, Romanasalat, Rote Bete, Rucola, Salatgurken, Seegras, Spargel, Spinat, Sprossen und Keime, Süßkartoffeln, Tomaten

Obst: Ananas, Äpfel, Avocados, Bananen, Birnen, Brombeeren, Erdbeeren, Granatäpfel, Grapefruits, Heidelbeeren, Himbeeren, Kirschen, Kiwis, Limetten, Mangos, Medjool-Datteln, Orangen, Papayas, Wassermelonen, Zitronen, Zuckermelonen

FETTE

Avocados, Bio-Eier, Kokosmilch, Kokosjoghurt, Kokosflocken, Leinsamen, Oliven, Olivenöl, rohe Nüsse, rohe Samen (Hanf, Chia, Kürbis, Sonnenblumen, ungeschälter Sesam), Schafsmilchprodukte, Tahin (Sesampaste), Ziegenmilchprodukte

---

Natürliche Süßstoffe: Ahornsirup, Dattelsirup, roher Honig

Zusätze: Aminosäuren, Proteinpulver, Kollagenpulver

Zur Entwässerung: Beeren, Äpfel, Trauben, Granatäpfel, Kirschen, Brokkolisprossen, Hülsenfrüchte wie Linsen oder Mungobohnen, Kreuzblütler (Brokkoli, Kohl, Radieschen, Grünkohl), rohe Möhren

Für die Östrogenbindung: Brokkoli, Chiasamen, Grünkohl, Kohl, Kresse, Leinsamen, Obst, Radieschen

Mehr Eiweiß für die Blutzuckerkontrolle: Bio-Eier, Bohnen, Brokkoli, hochwertiger Fisch, hochwertiges Fleisch, Kichererbsen, Knochenbrühe, Linsen, Nüsse, Samen

Gesunde Fette zur Blutzuckerkontrolle: Avocados, natives Olivenöl, Nüsse, Oliven, Pinienkerne, Sesam, Sonnenblumenkerne

Warm und gemütlich: Cremige Suppen und deftige Eintöpfe, Knochenbrühe, mineralstoffreiches tierisches Eiweiß, nährstoffreiche Bowls, süß schmeckende Stärkeprodukte

Tees für die Östrogenentgiftung: Klettenwurzel, Lakritz, Löwenzahnwurzel, Mariendistel

Tees zur Linderung von Blähungen und Krämpfen: Fenchel, Pfefferminze, Zitrone

Tees zur Stimmungsaufhellung und bei Krämpfen: Brennnesselblätter, Ingwer, Krampusrinde, rote Himbeerblätter, Tulsi (indisches Basilikum)

Zubereitung: Backen, köcheln, kochen, langsam garen, geringe Hitze

Healing Food: Tipps für kleinere Zyklusbeschwerden

In diesem Toolkit findest du Ernährungstipps für kleinere Zyklusbeschwerden in jeder Zyklusphase. Es führt die jeweils passenden Nährstoffe auf, die du als Soforthilfe einsetzen kannst. Nutze es wie ein Nachschlagewerk bei akuten Problemen in der jeweiligen Phase und baue die Tipps präventiv im nächsten Zyklus ein.

Menstruationsphase

BEI STÄRKEREM ZIEHEN UND KRÄMPFEN

Omega 3: Lachs, Makrele, Sardinen, Hering, Leinöl, Hanfsamen, Walnüsse
- Supplementieren mit 2000 mg EPA und DHA

Magnesium: Nüsse, Kürbiskerne, Sonnenblumenkerne, Bohnen, Linsen, Hafer, Bananen, Avocado, Fisch, dunkle Schokolade
- Supplementieren mit 300–500 mg Magnesiumkomplex

Kurkuma: Kurkumagewürz, Goldene Milch
- Supplementieren mit ca. 500 mg Kurkumaextrakt

BEI MÜDIGKEIT UND ANGESCHLAGENEM IMMUNSYSTEM

Eisen: Fleisch, Fisch, Hülsenfrüchte, Samen und Kerne, Blattgemüse
- Supplementieren mit 10–20 mg Eisen plus Vitamin C in Form von Lebensmitteln oder ebenfalls als Supplement

Vitamin C: Kiwi, Orangen, Paprika, Spinat, Karotten, Brokkoli
- Supplementieren mit 1000 mg Vitamin C

Zink: Fleisch, Fisch, Hülsenfrüchte, Samen & Saaten, Eier, dunkle Schokolade
- Supplementieren mit 25 mg Zink

BEI STARKEM KÄLTEEMPFINDEN

- Suppen, Eintöpfe und Tees

Follikelphase

BEI ÖSTROGENMANGEL

- Phytoöstrogene wie Kichererbsen, Linsen, Sprossen, Bohnen, Tempeh, Leinsamen, Klee

Ovulationsphase

BEI ÖSTROGENDOMINANZ

- Obst, Leinsamen, Chiasamen, Brokkoli, Kohl, Radieschen, Grünkohl, Kresse
- Supplementieren mit 2000 mg EPA und DHA

BEI VERDAUUNGSPROBLEMEN

- Histaminarme Kost
- Zeobent (1 TL), um Histamin zu binden (siehe Seite 66)
- Supplementieren mit 500 mg Quercetin, um DAO zu unterstützen (siehe Seite 41)

UM DIE LEBER ZU UNTERSTÜTZEN

Bitterstoffe: Rucola, Chicorée, Löwenzahn, Mariendistel, dunkle Schokolade
Glutathion: Knoblauch, Zwiebeln
Cholin: Eier

Lutealphase

BEI PMS-SYMPTOMEN

Heißhunger: Proteine hochfahren, regelmäßige Mahlzeiten alle drei bis vier Stunden und vollwertige Kohlenhydrate wie Reis, Süßkartoffeln, Kartoffeln, Hirse

Depressive Verstimmungen: Stärkehaltiges Gemüse: Karotten, Kürbis, Süßkartoffeln, Pastinaken, Rote Bete / Tryptophanhaltige Lebensmittel: Geflügel, Fisch, Fleisch, Bananen, Nüsse, Samen, dunkle Schokolade

BEI PROGESTERONMANGEL

Vitamin C: Paprika, Brokkoli, Erdbeeren, Kiwis, Grünkohl, Orangen, Yamswurzel
- Supplementieren mit 1000 mg Vitamin C

Zink: Kürbiskerne, Nüsse, hochwertiges Rindfleisch, Austern, Haferflocken
- Supplementieren mit 25 mg Zink

Magnesium: Spinat, Fisch, dunkle Schokolade, Nüsse, Samen
- Supplementieren mit 300–500 mg Magnesiumkomplex

Vitamin B6: Sonnenblumensamen, Fisch, Truthahn, getrocknete Früchte

BEI TRÄGER VERDAUUNG

- Trockenobst, Flohsamenschalen, viel trinken, Bewegung

BEI ÖSTROGENDOMINANZ

- Sprossen aus Brokkoli, Mungobohnen, Spinat, Kichererbsen

ZYKLUSFOOD MIT *Healing-Effekt*

In diesem Kapitel gehe ich auf verschiedene Themen ein, die mit dem Zyklus zusammenhängen. Ich beschreibe die Darm-Hormon-Connection etwas näher, erkläre, was zu beachten ist, wenn die Pille abgesetzt wird, und gebe praktische Tipps, wie sich der Übergang zu den Wechseljahren gut meistern lässt.

Der Einfluss des Darms auf die Hormone

Sofern wir unsere Ernährung und unseren Lifestyle nicht an unseren Zyklus anpassen, fühlen wir uns nicht wohl, spüren körperliche und mentale Symptome. Eine wichtige Rolle spielt dabei die Darm-Hormon-Connection. In diesem Kapitel zeige ich dir, wie du mit einer darmfreundlichen Ernährung deinen Zyklus unterstützen kannst.

WIE EIN GESUNDER DARM BEI ZYKLUSBESCHWERDEN HILFT

Der Darm spielt eine ganz entscheidende Rolle, wenn es um deine Gesundheit geht. Er ist die Barriere zwischen der Außenwelt und unserer Innenwelt und entscheidet darüber, was in welchen Mengen aufgenommen wird. Unser Darm, genau gesehen unser Dünndarm, ist für die Aufnahme der Nährstoffe zuständig.

Du kennst vielleicht den Spruch „Du bist, was du isst". Ich sage viel lieber „Du bist, was du verdaust". Denn nur das, was du verdaust, kann auch wirklich von deinen Zellen genutzt werden. Nur Nährstoffe, die vom Körper aufgenommen werden, können sowohl für deine Hormonproduktion als auch für die Hormonausscheidung verwertet werden.

70 bis 80 Prozent unserer Abwehrzellen sitzen im Darm. Sobald im Darm etwas nicht in Ordnung ist, wird das Immunsystem aktiviert, was sogenannte stille Entzündungen auslösen kann. Das sind chronische, niedriggradige Entzündungsprozesse im Körper, die oft über einen längeren Zeitraum bestehen, jedoch nicht immer offensichtliche oder akute Symptome verursachen, aber einen direkten Einfluss auf deine Hormone haben. Dementsprechend ist unser Darm das zentrale Organ für unsere Gesundheit und sollte bei Zyklusproblemen immer mit betrachtet werden.

Zu einem Leben im Einklang mit dem Zyklus gehört für mich daher unbedingt eine darmfreundliche Ernährung.

WIE SICH DARM UND ZYKLUS GEGENSEITIG BEEINFLUSSEN

Schauen wir uns also die Darm-Hormon-Connection etwas genauer an. Die enge Verbindung ist bereits in der unterschiedlichen Verdauung in den Zyklusphasen erkennbar.

In der Menstruationsphase haben wir eher weicheren Stuhlgang bis hin zum Durchfall. Das liegt an den Prostaglandinen, die für Kontraktionen in der Gebärmutter sorgen und ebenfalls unsere Darmtätigkeit beeinflussen.

Gegen Ende der Periode beruhigt sich unsere Verdauung, in der Follikelphase hat sie sich normalisiert. Das steigende Östrogen sorgt für eine normale Darmtätigkeit.

In der Ovulationsphase kann es aufgrund von zu viel Histamin (siehe Seite 41) ebenfalls zu Verdauungsproblemen kommen. Mit dem Abfall von Östrogen nach dem Eisprung verbessert sich der Zustand meist sehr schnell.

In der zweiten Hälfte der Lutealphase leiden viele Frauen unter Verstopfungen und Blähbauch, da das Progesteron eine entspannende Wirkung hat – auch auf die Muskeln im Darm. Kurz vor der Periode fällt das Progesteron ab und die Verdauung verändert sich wieder.

Aufspaltung und Aufnahme von Nährstoffen aus der Nahrung

Unser Darm ist dafür zuständig, die Nahrung in kleinste Einzelteile aufzuspalten und daraus wichtige Nährstoffe wie Kohlenhydrate, Proteine, Fette, Mineralstoffe und Vitamine zu ziehen. Genau genommen startet unsere Verdauung bereits im Mund, weiter geht es im Magen, von dort aus gelangt die Nahrung in den Dünndarm. Für die vollständige Zersetzung der Nahrung müssen ausreichend Verdauungssäfte und Enzyme in Mund, Magen und Darm vorhanden sein. Ist das geschafft, werden die einzelnen Nährstoffe über die Schleimhäute des Dünndarms aufgenommen und über das Blut zu den Zellen transportiert. Wenn wir also zu wenig Enzyme produzieren oder die Darmschleimhaut nicht intakt ist, dann kann der Darm die Nährstoffe nicht optimal zersetzen und aufnehmen. Der erste Schritt ist also immer, den Darm aufzubauen bzw. zu heilen.

Ohne die essenziellen Nährstoffe kann unser Körper keine Hormone produzieren.

DEN DARM AUFBAUEN

Wenn es darum geht, „den Darm aufzubauen“, denkst du vielleicht als Erstes an die Darmflora. Das ist auch ein wichtiger Part, aber zu dem komme ich erst später. Für mich steht der Aufbau der Darmschleimhaut im Vordergrund. In dieser befinden sich die wichtigen Immunzellen und unzählige enzymbildende Zellen. Ist die Darmschleimhaut nicht intakt, weil wir Lebensmittel essen, die wir nicht vertragen, weil wir zu viel Stress haben oder weil dort Bakterien sitzen, die dort nicht hingehören, lässt unsere Verdauungsleistung nach.

Das Gleiche gilt für Kalorien, also Energie: Wenn unser Darm die Nahrungsmittel, die wir zu uns nehmen, nicht verwerten kann und unverdaut wieder ausscheidet, dann hat unser Körper zu wenig Energie, um den Zyklus optimal ablaufen zu lassen, und die Periode bleibt aus.

Östrogenstoffwechsel und deine Darmflora

Innerhalb deiner Darmflora gibt es eine spezielle Gruppe von Darmbakterien – das Östrobolom. Es ist maßgeblich daran beteiligt, das Östrogen zu verstoffwechseln und auszuleiten und so unsere Hormone in Balance zu halten. Fühlt sich diese Bakteriengruppe wohl in deinem Darm, so sorgt sie dafür, dass überschüssiges Östrogen aus dem Körper ausgeleitet wird. Wenn deine Darmflora allerdings nicht in Balance ist, dann wird das Östrogen reaktiviert und zurück in den Körper geleitet. Den gesamten Prozess habe ich bereits beschrieben (siehe Seite 37). Es ist also essenziell, dass du deine Darmflora mit den nötigen Nährstoffen versorgst, damit sich die Bakterien in deinem Darm wohlfühlen und deine Hormonbalance unterstützen.

Die Darm-Hirn-Connection

Unser Darm ist über das zentrale Nervensystem mit unserem Gehirn verbunden. Serotonin und andere Neurotransmitter gelangen über den Vagusnerv, den längsten Nerv des Körpers, vom Darm ins Gehirn. Chemische Signale werden sowohl vom Darm zum Gehirn als auch umgekehrt versendet. Dementsprechend hast du Schmetterlinge im Bauch, wenn du verliebt bist, oder Bauchschmerzen, wenn du extrem aufgeregt bist. Alles, was im Kopf passiert, wirkt sich auf den Darm aus und umgekehrt. Deshalb haben Menschen mit Darmproblemen ein höheres Risiko für Stimmungsschwankungen,

Angst und Depression. Und genau hier kommt Serotonin ins Spiel. Gerade wir Frauen haben durch unseren Zyklus häufig mit Stimmungsschwankungen zu kämpfen, da in Abhängigkeit vom Östrogenlevel mehr oder weniger des Glückshormons Serotonin produziert wird.
95 Prozent des Serotonins werden im Darm produziert. Die Basis dafür ist die Zufuhr von Tryptophan, einer essenziellen Aminosäure, die wir über die Nahrung zu uns nehmen müssen. Wenn du also Verdauungsprobleme hast, kann dies auch die körpereigene Produktion von Serotonin beeinflussen – und dann befindest du dich in einem Teufelskreis. Denn Serotonin ist nicht nur wichtig für unsere Stimmung, sondern auch für unsere Verdauung. Es reguliert die Darmmotilität, fördert die Schleimproduktion der Darmschleimhaut und reguliert den Appetit, indem es signalisiert, dass wir satt sind. Du hast also die Möglichkeit, deine Stimmung über deine Ernährung zu beeinflussen, aber nur, wenn der Darm intakt ist.
Sobald ich mit meinen Kundinnen anfange, ihren Darm zu heilen, verbessert sich nicht nur die Verdauung, sondern auch die Stimmung. Die Frauen sind ausgeglichener, fröhlicher, haben weniger Ängste und depressive Verstimmungen.

TYPISCHE ANZEICHEN, DASS DEIN DARM NICHT INTAKT IST

- Durchfall oder Verstopfungen
- Krämpfe
- Blähbauch
- Aufstoßen
- Gelenkschmerzen
- Zyklusbeschwerden
- Hautprobleme
- Kopfschmerzen
- Übelkeit

Kurzkettige Fettsäuren

Unser Darmmikrobiom fermentiert Ballaststoffe und Stärke und produziert dabei kurzkettige Fettsäuren (SCFAs), wie zum Beispiel Essigsäure, Buttersäure und Propionsäure. Unser Körper nutzt diese SCFAs für unterschiedliche Abläufe im Körper, die wiederum unsere Zyklusgesundheit beeinflussen.
Kurzkettige Fettsäuren können über die Darm-Hirn-Achse Signale an das Gehirn senden und so das zentrale Nervensystem beeinflussen. Diese Signale können beispielsweise auch die Hypophyse beeinflussen, die für die Regulierung der Geschlechtshormone verantwortlich ist.
Vor allem Buttersäure (auch Butyrat genannt) hat entzündungshemmende Eigenschaften. Entzündungen haben einen direkten Einfluss auf unseren Hormonhaushalt und können die Produktion von Geschlechtshormonen beeinträchtigen. Aus diesem Grund beruhen die Rezepte in diesem Buch auf der antientzündlichen Ernährung.
Ich habe bereits mehrfach erwähnt, wie wichtig ein stabiler Blutzuckerspiegel für uns Frauen ist. Auch hier können kurzkettige Fettsäuren einen positiven Effekt haben. Vor allem die Propionsäure kann dazu beitragen, die Insulinsensitivität zu verbessern.
Ohne eine gesunde Darmflora und die passende Nahrung für die Bakterien produzieren wir weniger von den wertvollen kurzkettigen Fettsäuren.

LPS

LPS oder auch Lipopolysaccharide sind Giftstoffe, die beim Absterben von krank machenden Bakterien aus den Zellwänden freigesetzt werden. Diese Giftstoffe gelangen bei einem Leaky Gut („durchlässiger Darm“) oder auch bei chronisch entzündlichen Darmerkrankungen in den Blutkreislauf und können dort für Entzündungen sorgen. Diese Entzündungen können auch die Eierstöcke und den Gelbkörper betreffen und dafür sorgen, dass weniger Progesteron produziert wird. Die Folge davon sind niedrige Progesteronspiegel, kurze Zyklen, PMS, Brustschmerzen und starke Perioden. Daher ist eine intakte Darmschleimhaut mit einer guten Barrierefunktion wichtig.

FOODCOACHING FÜR DEINEN DARM

Nicht nur was wir essen, sondern auch wie wir essen, hat Einfluss auf unsere Verdauung. Wenn ich mit meinen Kundinnen, Freundinnen oder auch mit meiner Familie spreche, höre ich immer wieder heraus, dass sich kaum jemand ausreichend Zeit für seine Mahlzeiten nimmt. Für viele ist es sogar eine Belastung, essen zu müssen, da sie oft zu wenig Zeit haben. Das ist schon der erste Knackpunkt: Achtsames Essen ist die Grundlage für eine optimale Nährstoffaufnahme und Verdauung.

Sobald wir im Stress sind, verdaut unser Körper nicht mehr. Der Schalter für die Verdauung steht quasi auf „Aus". Denn der Körper braucht jetzt alle Energie, um die Stresssituation zu bewältigen. Wird die Energie vom Verdauungsprozess abgezogen, reagiert der Körper damit, dass er die Mahlzeit entweder extrem schnell wieder loswerden will (Durchfall) oder dass sie genau dort bleibt, wo sie ist, und vor sich hin gärt (Blähbauch). Wenn du immer wieder isst, obwohl du gerade Stress hast, führt das mittel- bis langfristig zu Nährstoffmängeln.

Sobald wir auch nur daran denken, etwas zu essen, sendet das Gehirn die Information, Speichel zu produzieren, damit die ersten Nahrungsbestandteile bereits im Mund aufgespalten werden können. Ähnlich verhält es sich mit anderen Verdauungsenzymen. Wenn du beim Essen also mit deinem Handy, dem Laptop oder dem TV beschäftigt bist, ist dein Gehirn abgelenkt und weniger Verdauungssäfte werden gebildet.

Eine darmgesunde Ernährung ist auch immer eine individuelle Ernährung. Lebensmittel, die du nicht verträgst, solltest du erst mal nicht essen, denn sie belasten deine Verdauung sehr. Ich bin kein Fan von Verboten, sehe aber immer wieder, dass es sinnvoll ist, diese „Störenfriede" erst einmal aus der Ernährung zu nehmen, um dem Körper mehr Energie zu schenken. Nach einem Darmaufbau können die meisten Lebensmittel ohne Probleme wieder gegessen werden, es sei denn, es handelt sich um Allergien. Aber genau deswegen ist Ernährung auch immer etwas Individuelles.

Wir brauchen übrigens auch keine fancy Lebensmittel oder Superfoods, da uns unsere heimischen Lebensmittel genauso gut unterstützen, wenn nicht sogar besser. Die Basis ist eine gesunde und ausgewogene Ernährung mit frischen Zutaten und Produkten, die möglichst wenig verarbeitet sind.

Diese Lebensmittel liebt dein Darm

Gemüse, Gemüse, Gemüse – am besten in jeder Mahlzeit. Du kannst gar nicht genug

ACHTSAMES ESSEN FÜR EINE BESSERE VERDAUUNG

- Nimm dir 30 Minuten Zeit für deine Mahlzeiten.
- Iss ohne Ablenkung und in Ruhe, ohne Handy, Laptop oder TV.
- Kaue jeden Bissen 10- bis 15-mal, so ist es einfacher für deinen Körper, die Nährstoffe aufzunehmen.

KNOCHENBRÜHE BEI DARMPROBLEMEN

Ein absolutes Haus- und Wundermittel bei Darmproblemen ist Knochenbrühe. Hier werden Knochen über 18 Stunden lang eingekocht, sodass sich wertvolle Mineralien und Nährstoffe lösen. Keine Sorge, du musst sie nicht selbst kochen: Knochenbrühe bekommst du mittlerweile in jedem gut sortierten Bioladen zu kaufen. Trinke zwei Wochen lang täglich ca. 200 Milliliter der Knochenbrühe.

Gemüse essen, denn das enthält nicht nur wertvolle Mineralstoffe und Vitamine, sondern auch Ballaststoffe und Stärke. Ballaststoffe haben neben dem positiven Effekt auf deinen Blutzuckerspiegel auch eine positive Wirkung auf deine Verdauung.

Stärke kommt nicht nur in Gemüse vor, sondern auch in anderen Lebensmitteln, wie zum Beispiel in Kartoffeln, Reis, Nudeln, Hülsenfrüchten, Quinoa, Süßkartoffeln und Bananen. Einige dieser Lebensmittel helfen unseren Darmbakterien, Butyrat zu produzieren, jene kurzkettige Fettsäure mit entzündungshemmender Wirkung.

Und es gibt einen weiteren Vorteil von stärkehaltigen Lebensmitteln, denn die Stärke kann sich in resistente Stärke umwandeln (siehe Seite 34). Dies geht am einfachsten, indem man die Lebensmittel kocht und abkühlen lässt, aber auch durch Einfrieren, Backen oder Toasten.

Präbiotika sind eine spezielle Art der Ballaststoffe, die unseren Darmbakterien ebenfalls als Futter dienen (siehe auch Seite 37 f.). Sie tragen dazu bei, die Darmflora im Gleichgewicht zu halten. Zu den präbiotischen Lebensmitteln gehören Chicorée, Zwiebeln, Knoblauch, Spargel, Artischocken, Lauch und Pastinaken. Je vielfältiger also deine Gemüseauswahl ist, desto mehr nützliche Nährstoffe bekommen deine Darmbewohner und umso wohler fühlen sie sich.

Über deine Nahrung kannst du deine Darmbakterien nicht nur füttern, sondern auch gesunde Mikroorganismen aufnehmen und so für eine Vielzahl verschiedener Darmbakterien sorgen. Dies geschieht über probiotische Lebensmittel, das sind fermentierte Lebensmittel, die lebende Kulturen enthalten. Dazu gehören fermentiertes Gemüse, Sauerkraut, Kimchi, Miso, Tempeh und Sauerteigbrot (siehe auch Seite 37 f.).

Das Schöne an unserem Körper ist, dass sich alles gegenseitig beeinflusst. Wenn du eine bestimmte Lebensmittelgruppe isst, kannst du zwei Fliegen mit einer Klappe schlagen: Zum Beispiel unterstützen tryptophanhaltige Lebensmittel nicht nur deine Darmgesundheit, sondern auch deine Stimmung. Tryptophan ist eine Aminosäure und du findest sie vor allem in Pute, Hühnchen, Truthahn, Fisch, Eiern, Nüssen, Samen, Hülsenfrüchten und Haferflocken.

Ohne Nebenwirkungen die Pille absetzen

Erst einmal möchte ich dir zu dem Entschluss, die Pille abzusetzen, gratulieren. Ich halte es für unsere Frauengesundheit extrem wichtig, unabhängig von einer hormonellen Verhütung zu leben. Warum, das erzähle ich dir gleich.

DIE PILLE – NICHT NUR EIN WUNDERMITTEL

Die Antibabypille gibt es seit 1960 und ist das am weitesten verbreitete Verhütungsmittel in Deutschland. Etwas 47 Prozent der Frauen zwischen 18 und 49 Jahren nehmen die Pille und ich verstehe auch, warum sie das tun. Es ist ja ziemlich einfach, morgens eine kleine Tablette zu schlucken und damit die Empfängnis zu unterbinden. Es ist viel einfacher, als den Zyklus täglich zu tracken und im Kopf haben zu müssen, wann verhütet werden muss.

Nebenwirkungen der Pille

Allerdings greift die Pille extrem in unseren natürlichen Hormonhaushalt ein, und selbst wenn es anfangs keine Anzeichen gibt, dass sie uns schadet, tut sie es oft doch. Die Liste der Nebenwirkungen ist lang: vaginale Trockenheit, Migräne, Verlust der Libido, Schilddrüsenerkrankungen, Angstzustände, Depressionen, Nährstoffmängel, Thrombosen, Blutgerinnsel, um nur einige zu nennen.

Die Pille bindet viele Nährstoffe, sodass sie für den Körper nicht verfügbar sind, und kann somit im Prinzip auch jede Körperfunktion negativ beeinflussen. Frauen, die die Pille nehmen, haben häufig einen Mangel an verschiedenen Mikronährstoffen, zum Beispiel an: Vitamin C, den meisten B-Vitaminen, Vitamin D, Magnesium, Mangan, Selen, Eisen, Jod und Zink.

Mangelnde Aufklärung

Die Pille wird nicht nur zur Verhütung, sondern auch bei Zyklusproblemen und Hormonstörungen verschrieben. Damit werden allerdings nur Symptome bekämpft und nicht die Ursachen behoben. 14-jährige Mädchen bekommen die Pille für ein schönes Hautbild verschrieben, ohne dass sie über die Nebenwirkungen aufgeklärt werden. Fragen Frauen nach Verhütung, wird oft direkt die Pille verschrieben, ohne dass sie alle Informationen über die hormonelle Verhütung bekommen.

DIE PILLE ABSETZEN – ABER NICHT ABRUPT

Die Pille unterdrückt die körpereigene Hormonproduktion, sodass kein Eisprung stattfindet, und sie greift direkt auf unsere Schaltzentrale im Gehirn zu und beeinflusst die Kommunikation zwischen Hypothalamus, Hypophyse und den Eierstöcken. Wird jedoch ein Hormon verändert, kommt es zu Störungen im gesamten Körper und zu Symptomen, die oft auf den ersten Blick nicht mit der Pille in Verbindung gebracht werden.

Da die Pille in den Hormonhaushalt eingreift, bedeutet das auch, dass sie nicht einfach abgesetzt werden sollte. Denn dann läufst du Gefahr, dass alles aus dem Gleichgewicht gerät. So erzählte mir zum Beispiel ein Arbeitskollege, dass sich seine Frau von ihm trennen wollte. Für ihn

kam das sehr plötzlich, denn kurz vorher hatte sie noch die Pille abgesetzt, weil beide ein zweites Kind wollten. Er hat um sie gekämpft, doch sie konnte ihn einfach nicht mehr „riechen". Sie sagte, sie ertrage ihn einfach nicht mehr in ihrer Nähe. Dem hatte er nichts entgegenzusetzen und damit war die Beziehung beendet.
Damals habe ich mich nur gewundert, doch heute weiß ich es besser. Denn inzwischen, zehn Jahre später, habe ich diese Geschichte immer wieder gehört: Frauen setzen die Pille ab und können ihren Partner im wahrsten Sinne des Wortes nicht mehr riechen, da die Pille unter anderem Einfluss auf unseren Geruchssinn hat. Wir riechen schlechter, wenn wir die Pille nehmen, und das kann einerseits unser Lustempfinden beeinflussen und andererseits dazu führen, dass wir bestimmte Gerüche weniger intensiv wahrnehmen.

Neuprogrammierung der Hormone

Ich weiß also aus der Zusammenarbeit mit vielen Frauen, was die Pille und das plötzliche Absetzen anrichten kann. Deswegen ist es mir wichtig aufzuklären. Ja, du solltest die Pille unbedingt absetzen, aber keinesfalls von jetzt auf gleich. Dieser Prozess sollte gut vorbereitet werden, um den Körper optimal auf die Neuprogrammierung der Hormone einzustimmen.
Nach dem Absetzen der Pille muss dein Körper wieder allein klarkommen. Im Idealfall merkt die Hypophyse das relativ schnell und gibt den Befehl, wieder eigene Hormone zu produzieren. Je nachdem wie lange du die Pille genommen hast, kann das etwas dauern.

MEIN 4-PHASEN-MODELL

Da die Pille auf sämtliche Körpersysteme einwirkt, kann es bei einem plötzlichen Absetzen zu starken Nebenwirkungen kommen. Das muss nicht bei jeder Frau der Fall sein, aber ich habe schon einige Frauen betreut, die kaum noch ihrem normalen Alltag nachgehen konnten. Das Hormonsystem ist schlichtweg einmal komplett aus den Fugen geraten.
Um das zu vermeiden, empfehle ich dir mein 4-Phasen-Modell.
Ein spezieller Ernährungsplan in drei Schritten begleitet dich dabei, Giftstoffe auszuleiten, benötigte Nährstoffe verstärkt zuzuführen und antientzündliche Mahlzeiten im Speiseplan zu verankern, um eventuell auftretende Beschwerden abzupuffern, sodass dein Körper in der Lage ist, die Hormone wieder allein zu produzieren. Im letzten Schritt wird dann die Pille abgesetzt.
Bevor ich dich durch die einzelnen Phasen führe, sollte dir Folgendes klar sein: Du solltest dir sicher sein, dass du die Pille absetzen möchtest. Denn das Schlimmste, was du deinem Körper antun kannst, ist ein Hin und Her. Damit würdest du ihn komplett durcheinanderbringen.

Phase 1: Unterstütze deine Leber

Die Pille ist nichts anderes als ein Medikament und muss regelmäßig über die Leber entgiftet werden. Das kostet Energie und wir möchten sicher sein, dass die Inhaltsstoffe komplett ausgeleitet werden. Daher unterstützen wir als Erstes deine Leber bei ihrer Arbeit.

ZEOBENT

Zeobent ist ein Mix aus Bentonit und Zeonit. Es kann neben körpereigenen Gasen auch Gärungsgifte und Stoffwechselendprodukte binden und so die körpereigene Entgiftung unterstützen. Mein Tipp: Trinke morgens ein großes Glas Wasser mit 1 Teelöffel Zeobent.

Belastende Stoffe vermeiden

Um deine Leber zu entlasten, solltest du leberbelastende Inhaltsstoffe möglichst vermeiden. Dazu gehören Alkohol, hochverarbeitete Lebensmittel, zu viel Industriezucker, qualitativ schlechtes Fleisch, toxische Inhaltsstoffe in gewöhnlichen Kosmetikprodukten, Waschmitteln und Putzmitteln und natürlich auch Nikotin. Je weniger du dich diesen Produkten aussetzt, desto weniger muss deine Leber arbeiten, um sie wieder auszuleiten.

Viel trinken

Neben der Leber sind auch unsere Nieren wichtige Entgiftungshelfer. Sie filtern toxische Stoffe (auch die körpereigenen) aus dem Blut. Daher ist es wichtig, dass du ausreichend Flüssigkeit zu dir nimmst. Und damit meine ich nicht Kaffee, Saft oder Limonade, sondern Wasser. Idealerweise unbelastet. Versuche also täglich zwei Liter Wasser zu trinken, um das Ausscheiden von Schadstoffen zu unterstützen. Falls es dir schwerfällt, so viel Wasser zu trinken, kannst du auch zu ungesüßtem Bio-Tee oder Infused Water greifen.

> **INFUSED WATER**
>
> Infused Water ist Wasser mit Zusätzen in Form von Obst, Gemüse und Kräutern, zum Beispiel mit Zitrone und Ingwer, mit Beeren und Minzblättern oder auch mit Gurkenscheiben. Mir selbst fällt es damit deutlich leichter, ausreichend zu trinken.

Ballaststoffe

Ballaststoffe sind ein wichtiger Bestandteil einer gesunden Ernährung, sie können die Bindung von bestimmten Toxinen und Schadstoffen im Darm unterstützen. Sie sorgen außerdem für einen normalen Stuhlgang, über den wir letztlich diese Stoffe ausscheiden. Perfekt sind Vollkornprodukte, Gemüse, Hülsenfrüchte, Obst, Nüsse, Samen, Knollen und getrocknete Früchte.

Bitterstoffe

Bitterstoffe, die zum Beispiel in Endivien, Rucola, Löwenzahn, Chicorée, Artischocken, Grapefruit und Kurkuma enthalten sind, unterstützen die Leber auf verschiedene Weisen bei der Entgiftung und tragen grundsätzlich zur Lebergesundheit bei. Sie regen die Produktion von Gallenflüssigkeit und Enzymen an, sodass Abfallprodukte leichter aus dem Körper ausgeschieden werden können. Außerdem wirken sie sich positiv auf den Blutzuckerspiegel aus und belasten damit die Leber weniger. Füge sie regelmäßig im Alltag deinen Mahlzeiten und Getränken hinzu, zum Beispiel als Salat vor der Hauptmahlzeit, als Topping, als Tee oder als Würzmittel.

Phase 2: Nährstoffe auffüllen

Ich hatte bereits erwähnt, dass die Pille Nährstoffe bindet und beim Ausscheiden mit sich nimmt. Das bedeutet für uns, dass durch die Pille über kurz oder lang Nährstoffmängel entstehen. Und genau das kann beim plötzlichen Absetzen der Pille zu vielen körperlichen und mentalen Problemen führen.
Ich empfehle deswegen, ein ausführliches Blutbild machen zu lassen, wenn du beschlossen hast, die Pille abzusetzen. Das kannst du entweder bei deinem Hausarzt oder bei deiner Hausärztin machen lassen oder auch bei einem freien Labor. In der Regel übernehmen die Krankenkassen nicht die Ermittlung aller Blutwerte und du wirst einen Teil selbst zahlen müssen. Ich bin aber der klaren Meinung, dass uns Frauen (und den Männern natürlich auch) das wert sein sollte.

Optimalwerte als Ziel

Ich arbeite in der Regel mit Optimalwerten statt mit den Normwerten, denn meine Beobachtungen zeigen, dass wir uns mit Werten, die im Optimalbereich liegen, deutlich besser fühlen. In der Tabelle findest du eine Übersicht über die Werte, die du checken lassen solltest, dazu die Normwerte und meine Optimalbereiche.

Bei Abweichungen zwischen deinen Ist-Werten und den Optimalwerten solltest du diese Nährstoffe einerseits über die Ernährung auffüllen und andererseits in Betracht ziehen, zu supplementieren. Die Erfahrung mit meinen Coaching-Klientinnen zeigt, dass Supplementieren sehr viel effizienter ist. Hierfür solltest du dich jedoch beraten lassen, denn bei der riesigen Auswahl an Produkten und auch bei der Dosierung kann schnell etwas schiefgehen. Je nachdem, wie du deine Nährstoffmängel auffüllst, solltest du dafür zwei bis drei Monate einplanen. Du kannst zeitgleich mit Phase 1,

LABORWERTE (IM BLUT)	NORMBEREICHE	OPTIMALBEREICHE
Ferritin	10–290 ng/ml	100–150 ng/l
fT3 (Schilddrüsenwert)	2,3–4,2 pg/ml	3,3–4,5 pg/ml
fT4 (Schilddrüsenwert)	0,8–1,8 ng/dl	1,4–1,7 ng/dl
Jod/Kreatinin-Verhältnis im Urin	–	100-200 µg/g
Kalium	1484–1794 mg/l	–
Magnesium	29–39,1 mg/l	36–40 mg/l
Natrium	135–145 mmol/l	–
Selen	90–150 µg/l	120–180 µg/l
TSH (Schilddrüsenwert)	0,4–4,5 µIU/ml	0,3– µIU/ml
Vitamin B12	211–911 pg/ml	>800 pg/ml
Vitamin B6 (Pyridoxin)	16,4–80,4 µg/l	50–90 µg/l
Vitamin B9 (Folsäure)	>5,38 ng/ml	–
Vitamin D3 (Calcitriol)	>30 ng/ml	60–80 ng/ml
Zink	4,8–7,3 mg/l	6–7,5 mg/l

der Unterstützung der Leber, damit beginnen. Spätestens nach drei Monaten und definitiv bevor du die Pille absetzt, sollte noch mal ein Kontrollblutbild gemacht werden, um sicherzugehen, dass keine Nährstoffmängel bestehen.

Phase 3: Gesunde und ausgewogene Ernährung

Damit dein Körper wieder in seine eigene Kraft des weiblichen Zyklus kommen kann, ist eine vorwiegend gesunde und ausgewogene Ernährung wichtig. Du nimmst dadurch mehr Nährstoffe auf, unterstützt dein Immunsystem und sorgst dafür, dass dein Körper mit dem Absetzen der Pille „stabiler" umgehen kann. Auch hier empfehle ich die antientzündliche Ernährung, denn sie enthält alles, was dein Körper jetzt braucht. Gerade in Bezug auf das Absetzen der Pille ist das von Vorteil, denn die Pille kann Entzündungen begünstigen.
Diese Ernährungsform ist überhaupt nicht kompliziert und sehr einfach in den Alltag zu integrieren. Du kannst dafür sehr gerne die Rezepte aus diesem Buch nutzen. Auf folgende Lebensmittel solltest du verzichten:

- Industriezucker
- Alkohol
- Nikotin
- verarbeitete Lebensmittel
- Fast Food
- Wurst- und Fleischwaren minderer Qualität
- Lebensmittel, die du nicht verträgst
- Gluten
- Kuhmilchprodukte

Vorsicht bei Gluten und Kuhmilchprodukten

Zum Thema Gluten und Kuhmilchprodukte möchte ich unbedingt noch Folgendes loswerden. Sie wirken nicht per se bei jeder Frau entzündungsfördernd, aber sehr viele Menschen vertragen sie nicht. Deswegen schließe ich sie immer erst einmal aus. Falls du kein Problem mit diesen Produkten hast, kannst du sie gerne in deine Ernährung aufnehmen.

Heilpflanzen

Zusätzlich kannst du deinen Körper mit Heilpflanzen unterstützen. Sie werden seit Jahrhunderten genutzt, enthalten viele Nährstoffe und sekundäre Pflanzenstoffe und können sich positiv auf unseren Zyklus auswirken. Sie können zum Beispiel die Menstruation anregen, die Fruchtbarkeit verbessern, die Entgiftung unterstützen oder auch PMS-Symptome lindern. Ich nutze sie vor allem in der Form von ätherischen Ölen und Tees. Sie können auch als Dampfbäder oder als Kräuterzusatz im Essen eingesetzt werden.

Frauenmantel wirkt antientzündlich und kann in allen Zyklusphasen eingesetzt werden. Das Heilkraut wird häufig beim Ausbleiben der Periode eingesetzt und um die Menstruationsblutung zu regulieren. Ich empfehle, täglich ein bis zwei Tassen Frauenmanteltee zu trinken. Bei einer höheren Dosierung oder einem längeren Gebrauch solltest du dir Rat von einer Expertin oder einem Experten holen.

Muskatellersalbei wird in der Frauenheilkunde in Form von ätherischen Ölen eingesetzt, aber auch zur Parfumherstellung. Ich persönlich nutze es sehr gerne als ätherisches Öl für eine entspannende Bauchmassage. Mische dafür 50 Milliliter Trägeröl (z. B. fraktioniertes Kokosöl) mit 5 Tropfen Muskatellersalbei und massiere damit Bauch und Unterbauch.

Phase 4: Die Pille absetzen

Du hast deinen Körper nun mindestens zwei Monate lang vorbereitet, jetzt ist die Zeit gekommen, die Pille abzusetzen und deinem Körper die Kontrolle zurückzugeben.

Auch hier gibt es ein paar Dinge zu beachten:

- Setze die Pille erst nach Ende des Blisters ab.
- Alles, was du bisher gemacht hast, solltest du weiterhin machen: die Leber unterstützen, deine Nährstoffe auffüllen und dich gesund ernähren.
- Falls du Schilddrüsentabletten nimmst, dann lass deine Schilddrüsenwerte regelmäßig checken, denn durch das Absetzen der Pille können die sich verändern, sodass du neu eingestellt werden musst.
- Lass deinem Körper Zeit!

MACH DIR KEINEN STRESS!

Eine Sache ist wirklich ganz wichtig: Bitte setze dich nicht selbst unter Druck, dass du jetzt innerhalb von zwei bis vier Wochen deine Periode bekommen musst. Achte auf kleine Anzeichen wie die Veränderung des Zervixschleims (siehe Seite 20 f.), ein leichtes Ziehen im Unterbauch oder in den Brüsten. Stress ist jetzt genau das, was dein Körper nicht gebrauchen kann. Denn Stress wirkt sich auf den Prozess, den eigenen Zyklus wiederzufinden, negativ aus.

Es kann bis zu sechs Monate dauern, bis sich dein natürlicher Zyklus wieder einstellt. Auch Zyklen zwischen 25 und 35 Tagen sind völlig normal, die wenigsten Frauen haben einen Durchschnittszyklus von 28 Tagen. Falls sich dein Zyklus nach sechs bis neun Monaten noch nicht normalisiert hat, empfehle ich dir, deinen Frauenarzt oder deine Frauenärztin zu konsultieren und dort auch deine Hormonwerte checken zu lassen.

Wenn du auf die Wechseljahre zusteuerst

In den Wechseljahren finden in unserem Körper verschiedene hormonelle Veränderungen statt. Sie beginnen meist mit Mitte 40 und enden mit etwa 60 Jahren und werden in verschiedene Phasen eingeteilt.

DIE PHASEN DER WECHSELJAHRE

Die Perimenopause wird noch einmal unterteilt in die frühe (Prämenopause) und die späte Perimenopause. Sie beginnt meist mit Mitte 40 und zeigt sich durch erste Veränderungen im Zyklus. Unabhängig davon, ob du in dieser Phase Beschwerden hast oder nicht, ist es wichtig, jetzt besonders auf deinen Körper zu achten und ihn bestmöglich zu unterstützen, um die Hormonumstellung erfolgreich zu bewältigen. Während der Perimenopause verlängern sich die Abstände zwischen den Periodenblutungen, bis die Menstruation vollständig ausbleibt. Sie dauert im Durchschnitt vier Jahre, kann aber auch deutlich kürzer oder länger sein.

Die Menopause ist der Zeitpunkt der letzten Regelblutung, er wird rückblickend bestimmt, wenn zwölf Monate lang keine Blutung aufgetreten ist. Die Menopause tritt meist um das 50. Lebensjahr herum auf.

Die Postmenopause dauert wiederum einige Jahre und ist in der Regel im Alter zwischen 60 und 65 Jahren beendet.

Die körperlichen Veränderungen in der Perimenopause

Die wichtigsten hormonellen Veränderungen umfassen die Hormone Östrogen, Progesteron und Testosteron. Vor der Menopause sind die Eierstöcke für 90 Prozent der Östrogenproduktion verantwortlich, nun hören sie nach und nach mit der Produktion auf. Da Östrogen Auswirkungen auf das Körpergewicht, unsere Stimmung, den Schlaf, unseren Sexualtrieb, unsere kognitiven Funktionen, das Gedächtnis und die Durchblutung hat, können während der Perimenopause viele verschiedene Symptome auftreten. Auch der Abfall von Progesteron hat Auswirkungen auf unser Wohlbefinden. Wir fühlen uns von unseren Gefühlen überfahren, sind sehr gereizt und von allem und jedem genervt. Mit dem Eintritt in die Perimenopause reagieren wir aber auch weniger sensibel auf Insulin, und das bedeutet, dass unser Blutzuckerspiegel höher ist, auch wenn wir genauso viele Kohlenhydrate zu uns nehmen wie vorher. Ein erhöhter Blutzuckerspiegel kann dazu führen, dass wir zunehmen, aber auch die Tatsache, dass unser Körper Proteine nicht mehr so effizient nutzen kann. Hinzu kommt der altersbedingte Verlust an Muskelmasse ab Mitte 30. Wir verbrennen dadurch einfach weniger Kalorien.

Woher weiß ich, in welcher Phase ich bin?

Nicht bei allen Frauen treten die gleichen Symptome auf und auch die Intensität der Beschwerden ist von Frau zu Frau ganz unterschiedlich, das macht es schwerer, sich in die jeweilige Phase einzuordnen. Hinzu kommt, dass,

ähnlich wie beim Zyklus, die eine Phase nicht abrupt endet und die andere Phase startet. Es ist ein fließender Übergang, der sich über einen längeren Zeitraum hinziehen kann.
Beobachte dich und deinen Körper achtsam im Alltag und führe im Idealfall ein Symptomtagebuch über mögliche Anzeichen oder Beschwerden und deine Periode. Bei einer regelmäßigen Dokumentation erkennst du frühzeitig die Veränderungen. Typische Anzeichen sind: Hitzewallungen und Schweißausbrüche, Zyklusschwankungen, Stimmungsschwankungen, Ängste, Gewichtszunahme, Scheidentrockenheit und Schlafstörungen.

DEN ÜBERGANG IN DIE WECHSELJAHRE UNTERSTÜTZEN

Je beschwerdefreier dein Menstruationszyklus ist und umso zyklischer du lebst, desto leichter wird für dich der Übergang in die Wechseljahre und desto weniger Beschwerden wirst du haben. Das Beste, was du also tun kannst, ist, deinen Körper Monat für Monat in jeder Phase des Zyklus zu unterstützen. Sobald du in den Wechseljahren bist, kannst du einiges tun, um starke Symptome zu vermeiden und möglichst ausgeglichen durch diese Phasen der Veränderung zu kommen.

Gesunde Ernährung

Deine Mahlzeiten sollten möglichst wenig verarbeitete Nahrungsmittel und viel Bio-Obst und frisches Gemüse enthalten. Ballaststoffreiche Lebensmittel wie Nüsse und Samen sind wichtig für die Herz-Kreislauf- und Darmgesundheit und helfen, ein gesundes Gewicht aufrechtzuerhalten. Omega-3-reiche Lebensmittel wie fetter Fisch und Walnüsse können dazu beitragen, Entzündungen zu reduzieren, die Hormonproduktion erleichtern und möglicherweise dabei helfen, meno- und postmenopausale Probleme zu verringern. Fermentierte Lebensmittel enthalten Bakterienkulturen, die den Östrogenhaushalt regulieren und die Hormonschwankungen minimieren können.
Um den starken Östrogenabfall etwas abzupuffern, kannst du Lebensmittel, die natürliche Phytoöstrogene liefern, in deine Ernährung integrieren, dazu gehören Leinsamen, Linsen, Bohnen, Sesam und Tempeh.
Einige Forschungen deuten darauf hin, dass bei Frauen in der Perimenopause, die eine phytoöstrogenreiche Ernährung zu sich nehmen, die Hitzewallungen drastisch zurückgehen. Der Verzehr von Phytoöstrogenen ist jedoch nur dann zu empfehlen, wenn keine Östrogendominanz vorliegt.
Kreuzblütler wie Brokkoli, Kohl und Grünkohl enthalten Indol-3-Carbinol, das ebenfalls auf natürliche Weise hilft, die Östrogenspiegel auszugleichen.
Du solltest ausreichend Wasser trinken, um Flüssigkeitsverluste durch Hitzewallungen auszugleichen und Blähungen zu reduzieren.
Aufgrund des Abbaus der Muskelmasse und der schlechteren Proteinsynthese solltest du die Menge an Proteinen erhöhen. Das tut auch

unserem Blutzuckerspiegel gut. Die Kohlenhydratmengen solltest du reduzieren, da du jetzt einfach weniger davon benötigst. Wähle vor allem vollwertige Kohlenhydratquellen, damit der Blutzuckerspiegel langsamer ansteigt.

Regelmäßige Bewegung

Regelmäßige Sporteinheiten sind jetzt wichtiger denn je. Mit dem Alter werden wir durch den Abbau der Muskelmasse schwächer und verbrennen weniger Kalorien. Auch unsere Knochendichte und die körpereigene Produktion von Kollagen nimmt mit dem Alter ab. Kollagen ist ein Strukturprotein und einer der wichtigsten Bausteine von Knochen, Haut, Muskeln, Bindegewebe, Sehnen und Bändern.
Ich empfehle dir, mindestens dreimal in der Woche Sport zu machen, und zwar einen Mix aus Ausdauertraining und Krafttraining. Durch das Krafttraining fördern wir den Muskelaufbau und unterstützen gleichzeitig unsere Knochen. Dabei musst du keine schweren Gewichte heben, sondern steige mit Übungen mit deinem eigenen Körpergewicht ein. Dafür gibt es tolle Anleitungen auf YouTube. Steigern kannst du das Ganze mit Gymnastikbändern.
Auch wenn du bis jetzt noch nie Krafttraining gemacht hast, dann ist genau jetzt der richtige Zeitpunkt dafür! Es ist nie zu spät, um damit anzufangen – und dein Körper wird es dir danken.

Ausreichend Schlaf

Die Hormonschwankungen in den Wechseljahren sind für unseren Körper anstrengend und fordernd. Um ausreichend Energie aufzutanken und die Regeneration zu unterstützen, solltest du sieben bis neun Stunden täglich schlafen. Schlafmangel kann zu Hormon- und Stimmungsschwankungen führen und davon brauchen wir in der Perimenopause nicht noch mehr. Ausreichend Schlaf kann auch die Cortisolspiegel in Balance halten und so für einen stabilen Blutzuckerspiegel sorgen.
Ich empfehle dir, immer zur selben Zeit ins Bett zu gehen und immer zur selben Zeit aufzustehen. Dieser Rhythmus hilft dir, leichter in den Schlaf zu finden.
Bei Einschlafproblemen kannst du Folgendes versuchen:

- ätherische Öle wie Lavendel verwenden
- deine Gedanken aufschreiben, um sie loslassen zu können
- Einschlafmeditationen, Atemübungen und Vagusnerv-Übungen machen
- 150 bis 300 Milligramm Magnesiumkomplex 1 Stunde vor dem Schlafengehen einnehmen
- vor dem Schlafengehen ein Bad mit Epsom Salz nehmen
- die Temperatur im Raum senken

Stressreduzierende Mind-Body-Praktiken

Da Schlafprobleme, Angstzustände, Müdigkeit und Depressionen während der Wechseljahre zunehmen, ist es wichtig, Stress so gut wie möglich zu reduzieren und abzubauen. Denn Stress kann diese Symptome noch verschlimmern und die Hormonschwankungen verstärken. Nutze diese Phase ganz bewusst für dich und schaffe dir Zeit für regelmäßige Entspannungstechniken.
Bewegung in Form von Sport, aber auch Spaziergänge können dazu beitragen, Stress abzubauen. Frische Luft macht den Kopf frei und bringt dich auf andere Gedanken.
Eine Morgenmeditation lässt dich entspannter in den Tag starten und eine Atemübung am Abend aktiviert den Parasympathikus, sodass du leichter in den Schlaf findest. Verschiedene Yogapraktiken können dich ebenfalls dabei unterstützen, Stress abzubauen.

REZEPTE

Phase 1

In der „kalten“ Menstruationsphase helfen dir die Rezepte dabei, deinen Körper von innen zu wärmen. Sie geben dir ein gutes Bauchgefühl und du füllst mit ihnen die Nährstoffe auf, die du durch die Menstruation verlierst.

Quinoa-Porridge

– VEGETARISCH –

Das Porridge wärmt dich ganz wunderbar von innen. Das darin enthaltene Kurkuma hilft bei möglichen Krämpfen oder Schmerzen während der Periode.

FÜR 2 PORTIONEN
25 MINUTEN

75 g weiße Quinoa
2 TL geschroteter Leinsamen
1 TL Kurkumapulver
¼ l ungesüßter Mandeldrink
3 Medjool-Datteln
2–3 Tropfen natürlicher Vanilleextrakt
1 Banane
25 g gehackte Mandeln
300 g Schafquark natur (20 % Fett i. Tr.)

Quinoa in einem feinen Sieb mit kaltem Wasser gut abbrausen. Abtropfen lassen und in einen kleinen Topf geben. Leinsamen und Kurkuma zugeben, Mandeldrink zugießen, alles gut verrühren und aufkochen. Bei kleiner Hitze 15 bis 18 Minuten köcheln lassen. Dabei besonders am Ende öfter rühren.

Inzwischen die Datteln entsteinen, in Stücke schneiden und mit 100 ml Wasser in einem kleinen Topf aufkochen. Ca. 5 Minuten köcheln lassen, bis das Wasser fast verschwunden ist. Vanilleextrakt zugeben und die Datteln im Mixer oder mit einem Stabmixer fein pürieren.

Die Banane schälen und in dünne Scheiben schneiden. Die Mandeln in einer beschichteten Pfanne ohne Fett rösten, bis sie duften.

Die Hälfte des Schafquarks unter den Porridge rühren. Porridge in zwei Schalen geben, Dattelmus und Bananenscheiben darauf verteilen, mit restlichem Quark toppen und mit Mandeln bestreuen. Sofort servieren.

PRO PORTION: ca. 425 kcal | Eiweiß: 22 g | Fette: 16 g | Kohlenhydrate: 47 g

Avocado-Ei-Toast mit Sesamspinat

– GEHT SCHNELL –

Ein schnelles Gericht mit vielen wertvollen Nährstoffen und ideal, um die Eisenspeicher aufzufüllen. Du kannst den Toast zu jeder Tageszeit genießen.

FÜR 2 PORTIONEN
20 MINUTEN

2 Eier
150 g Babyspinat
1 Frühlingszwiebel
1 TL Olivenöl
Salz
Pfeffer
1 EL Tahin (Sesampaste)
1 EL Schafjoghurt natur (mind. 5 % Fett)
etwas Zitronensaft
1 reife Avocado
2 Scheiben glutenfreies Vollkornbrot (à 50 g)
2 TL geröstete Sesamsamen

Die Eier in einem Topf mit Wasser in 8 bis 9 Minuten hart kochen.

Inzwischen Spinat verlesen, waschen und abtropfen lassen. Frühlingszwiebel putzen, waschen und in feine Ringe schneiden. Das Öl in einer beschichteten Pfanne erhitzen. Frühlingszwiebel darin andünsten. Spinat zugeben und unter Rühren in 1 bis 2 Minuten zusammenfallen lassen. Mit Salz und Pfeffer würzen.

Tahin mit Joghurt und etwas Zitronensaft glatt rühren, mit Salz würzen. Avocado halbieren, den Kern entfernen, das Fruchtfleisch aus der Schale lösen und mit einer Gabel zerdrücken. Mit etwas Zitronensaft verrühren und salzen. Eier kalt abschrecken, pellen und in Scheiben schneiden.

Das Brot toasten. Mit Avocadomus bestreichen und Eier darauf verteilen. Brote mit Spinat auf Tellern anrichten. Tahinsauce über den Spinat träufeln, alles mit Sesam bestreuen und servieren.

TIPP: Glutenfreies Vollkornbrot kannst du selbst backen. Ein Rezept mit Sauerteig als Basis findest du hier: *hannah-willemsen.com/zyklus-balance/rezepte*

PRO PORTION: ca. 435 kcal | Eiweiß: 16 g | Fette: 29 g | Kohlenhydrate: 27 g

Kichererbsen-Gemüse-Topf

– VEGETARISCH –

Eintöpfe sind super in der Menstruationsphase und lassen sich toll für Meal Prep nutzen. Dieser Eintopf wärmt, sättigt und die Gemüsemischung lässt sich nach Belieben variieren.

FÜR 2 PORTIONEN

40 MINUTEN

500 g Gemüse (z. B. Aubergine, Blumenkohl, Möhren, Rote Bete)
3 EL Öl
Salz
Pfeffer
1 Glas Kichererbsen (230 g Abtropfgewicht)
1 Zwiebel
1 Knoblauchzehe
1 kleine Zimtstange
1 TL Kurkumapulver
1 Glas gehackte Tomaten (420 g)
½ TL Ahornsirup
150 g Schafjoghurt griechische Art (mind. 7,5 % Fett)
2 EL gehackter Koriander

Backofen auf 200 °C (180 °C Umluft) vorheizen. Ein Backblech mit Backpapier belegen. Gemüse waschen und je nach Sorte putzen, schälen und klein schneiden. Mit 2 EL Öl, Salz und Pfeffer mischen. Gemüse auf dem Blech verteilen und im heißen Ofen ca. 20 Minuten backen.

Inzwischen Kichererbsen abgießen und kalt abbrausen. Zwiebel und Knoblauch schälen, grob zerkleinern und mit 2 bis 3 EL Wasser zu einer Paste pürieren.

1 EL Öl in einem Topf erhitzen. Zwiebelpaste darin unter Rühren anbraten, bis sie beginnt, bräunlich zu werden. Zimt und Kurkuma zugeben und kurz mitbraten. Tomaten, Kichererbsen und 300 ml Wasser zugeben. Alles aufkochen und ca. 15 Minuten köcheln lassen, dabei ab und zu umrühren.

Ofengemüse zur Sauce geben, alles erneut aufkochen und weitere ca. 5 Minuten köcheln lassen. Mit Salz, Pfeffer und Ahornsirup würzen. Joghurt mit Koriander glatt rühren und mit Salz würzen. Kichererbsen-Gemüse-Topf mit einem Klecks Joghurt anrichten, übrigen Joghurt dazu servieren.

PRO PORTION: ca. 500 kcal | Eiweiß: 21 g | Fette: 26 g | Kohlenhydrate: 45 g

Brokkolicremesuppe mit Lachs

– PROTEINREICH –

Nährstoffreicher kann eine Suppe nicht sein!
Du unterstützt mit dieser Brokkolicremesuppe nicht nur deinen Zyklus, sondern auch viele andere wichtige Prozesse in deinem Körper.

FÜR 2 PORTIONEN
25 MINUTEN

½ l Gemüsebrühe
350 g TK-Brokkoli
½ Bund Basilikum
30 g Kürbiskerne
30 g Sonnenblumenkerne
1 TL Öl
120 g Bio-Wildlachsfilet
Salz
2 Nori-Blätter
1–2 TL Zitronensaft
100 ml Hafer Cuisine zum Kochen
Pfeffer

Die Gemüsebrühe in einem Topf aufkochen. Gefrorenen Brokkoli zugeben, erneut aufkochen und ca. 12 Minuten köcheln lassen.

Inzwischen Basilikum waschen, trocken schütteln und die Blätter von den Stielen zupfen. Kürbis- und Sonnenblumenkerne im Blitzhacker oder Mixer fein mahlen.

Öl in einer beschichteten Pfanne erhitzen. Lachs trocken tupfen, in ca. 0,5 cm breite Streifen schneiden und im heißen Öl rundum 4 bis 5 Minuten braten. Lachs salzen.

Nori-Blätter mehrmals falten und mit einer Schere in schmale Streifen schneiden.

Basilikum, gemahlene Kerne, Zitronensaft und Hafer Cuisine zur Suppe geben und alles im Mixer oder mit einem Stabmixer cremig pürieren. Mit Salz, Pfeffer und eventuell noch etwas Zitronensaft abschmecken. Suppe in Schalen anrichten. Lachsstreifen darauf verteilen, mit Nori-Streifen bestreuen und servieren.

PRO PORTION: ca. 460 kcal | Eiweiß: 29 g | Fette: 29 g | Kohlenhydrate: 20 g

Linsendal mit Gewürztomaten

– VEGETARISCH –

Diese Kombination von pikant gewürzten Linsen mit Tomaten und Kokosmilch ist perfekt für kalte Tage. Das Gericht wärmt sowohl von innen als von außen.

FÜR 2 PORTIONEN

35 MINUTEN

1 Zwiebel
1 Knoblauchzehe
1 walnussgroßes Stück Ingwer
2 EL Öl
1 geh. TL Currypulver
150 g rote Linsen
400 ml Gemüsebrühe
400 g Kirschtomaten
1 TL Kurkuma
½ TL Zimt
¼ TL gemahlener Kreuzkümmel
1 TL Ahornsirup
Salz
Pfeffer
1 kleine Dose Kokosmilch (200 g)
1 EL gehackte Walnusskerne
2 EL gehackter Koriander

Zwiebel, Knoblauch und Ingwer schälen und getrennt fein würfeln. 1 EL Öl in einem Topf erhitzen, Zwiebel und Knoblauch darin glasig werden lassen. Ingwer und Curry unterrühren und kurz mitrösten. Linsen zugeben, einmal gut durchrühren und Brühe angießen. Zugedeckt bei kleiner bis mittlerer Hitze 10 bis 15 Minuten garen, dabei ab und zu umrühren.

Inzwischen Tomaten waschen und trocken reiben. 1 EL Öl in einer Pfanne erhitzen. Tomaten darin anbraten, bis sie beginnen aufzuplatzen und leicht bräunen. Kurkuma, Zimt, Kreuzkümmel und Ahornsirup unterrühren, mit Salz und Pfeffer würzen. Tomaten mit einem Kochlöffel leicht zerdrücken und weitere 5 bis 10 Minuten köcheln lassen.

Kokosmilch unter die Linsen rühren, weitere 5 bis 10 Minuten garen, bis die Linsen leicht breiig werden. Walnüsse in einer beschichteten Pfanne ohne Fett rösten.

Linsendal mit Salz und Pfeffer würzen und in zwei tiefe Teller geben. Tomaten samt Flüssigkeit darauf verteilen. Mit Koriander und Nüssen bestreut servieren.

PRO PORTION: ca. 635 kcal | Eiweiß: 24 g | Fette: 39 g | Kohlenhydrate: 44 g

Chili con Carne mit Avocado

– PROTEINREICH –

Das Chili liefert dir viel Energie und wichtige Bausteine für deine Hormonproduktion. Für noch mehr Feuer sorgt eine fein gehackte frische Chilischote.

FÜR 2 PORTIONEN
30 MINUTEN

3 Frühlingszwiebeln
2 gelbe Paprikaschoten
1 Glas Kidneybohnen (240 g Abtropfgewicht)
1 EL Öl
200 g Bio-Rinderhackfleisch
2 EL Tomatenmark
1 TL geräuchertes Paprikapulver
1 TL Chilipulver
½ TL gemahlener Kreuzkümmel
1 Glas gehackte Tomaten (420 g)
Salz
Pfeffer
1 reife Avocado
etwas Zitronensaft
2 EL gehackter Koriander

Die Frühlingszwiebeln putzen und waschen. Das Weiße fein würfeln, das Grüne in Ringe schneiden. Paprika putzen, waschen und klein schneiden. Kidneybohnen abgießen, kalt abbrausen und abtropfen lassen.

Öl in einem Topf erhitzen. Hackfleisch darin unter Rühren kräftig krümelig anbraten. Den weißen Teil der Frühlingszwiebeln zugeben und andünsten. Paprika zugeben und 2 bis 3 Minuten andünsten. Tomatenmark, Paprikapulver, Chilipulver und Kreuzkümmel einrühren. Bohnen, Tomaten und 100 ml Wasser zugeben. Alles aufkochen, mit Salz und Pfeffer würzen und 15 bis 20 Minuten köcheln lassen.

Inzwischen die Avocado halbieren, den Kern entfernen, das Fruchtfleisch aus der Schale lösen und klein würfeln. Mit etwas Zitronensaft beträufeln und salzen.

Chili mit Salz, Pfeffer und Chilipulver abschmecken. In Schalen anrichten, Avocado darauf verteilen und mit Koriander und Frühlingszwiebelgrün bestreut servieren.

AUCH LECKER: Das geräucherte Paprikapulver kann durch edelsüßes Paprikapulver ersetzt werden. Wer es gern etwas schärfer mag, gibt noch eine Prise Cayennepfeffer zum Chili.

PRO PORTION: ca. 535 kcal | Eiweiß: 32 g | Fette: 29 g | Kohlenhydrate: 31 g

Warmer Gemüsesalat mit Feta

– VEGETARISCH –

Der Gemüsesalat bringt gleichzeitig Frische und eine hohe Nährstoffdichte auf den Teller. Warmes Gemüse, frischer Feta und knusprige Nüsse – ein Gaumenschmaus.

FÜR 2 PORTIONEN

40 MINUTEN

1 große Möhre
1 Rote Bete
1 Pastinake
1 Fenchelknolle
2 Zweige Rosmarin
2 EL + 3 TL Olivenöl
Salz
1 EL Orangensaft
1 TL Ahornsirup
1 TL Apfelessig
Pfeffer
100 g Rucola
25 g Walnusskerne
150 g Feta (Schafskäse)

Backofen auf 225 °C (200 °C Umluft) vorheizen. Ein Backblech mit Backpapier belegen. Gemüse putzen, waschen und je nach Sorte schälen. Möhre in schmale Stifte, Rote Bete in schmale Spalten schneiden. Pastinake klein würfeln, Fenchel in schmale Spalten schneiden. Rosmarin waschen, trocken schütteln, Nadeln von den Stielen streifen und hacken.

2 EL Öl mit Salz verrühren, Gemüse und Rosmarin untermischen. Gemüse auf dem Blech verteilen und im heißen Ofen 25 bis 30 Minuten rösten. Dabei ab und zu die Ofentür öffnen, damit Feuchtigkeit entweichen kann.

Inzwischen für das Dressing Orangensaft mit Ahornsirup, Essig, Salz und Pfeffer verrühren. 3 TL Öl zugießen und unterschlagen. Mit Salz und Pfeffer abschmecken.

Rucola verlesen, waschen, trocken schleudern und grobe Stiele entfernen. Walnüsse in einer Pfanne ohne Fett rösten, bis sie duften. Herausnehmen und grob hacken.

Fertiges Gemüse noch warm mit dem Dressing mischen. Rucola auf einer Platte oder in einer Salatschüssel verteilen. Gemüsesalat in die Mitte geben. Mit Nüssen bestreuen und Feta darüberbröseln. Sofort servieren.

PRO PORTION: ca. 560 kcal | Eiweiß: 20 g | Fette: 41 g | Kohlenhydrate: 28 g

Sesamhähnchen mit Endivienstampf

— PROTEINREICH —

Es gibt nichts Besseres als einen leckeren Stampf aus Kartoffeln. Durch die Abkühlzeit nimmst du automatisch mehr resistente Stärke auf und tust so deinem Darm etwas Gutes.

FÜR 2 PORTIONEN
40 MINUTEN + 12 STUNDEN (ÜBER NACHT) ABKÜHLEN

500 g mehligkochende Kartoffeln
Salz
50 g helle Sesamsamen
250 g Bio-Hähnchenbrustfilet
Pfeffer
1 EL helle Misopaste
1 EL Öl
250 g Endiviensalat
100 ml Ziegenmilch
10 g Bio-Weidebutter
frisch geriebene Muskatnuss

Kartoffeln schälen, waschen, je nach Größe halbieren oder vierteln und in Salzwasser bei kleiner Hitze ca. 20 Minuten garen. Abgießen, ausdampfen und auskühlen lassen. Abgedeckt über Nacht kalt stellen.

Am nächsten Tag Hälfte des Sesams in einem Blitzhacker mahlen und mit übrigem Sesam auf einem Teller mischen. Das Hähnchenfilet trocken tupfen und in 4 bis 5 cm große Stücke schneiden. Mit wenig Salz und Pfeffer würzen. Filetstücke rundherum mit Misopaste bestreichen und im Sesam wälzen. Öl in einer beschichteten Pfanne erhitzen. Sesamhähnchen darin 5 bis 6 Minuten bei mittlerer Hitze braten, wenden und weitere 5 bis 6 Minuten braten.

Inzwischen Endiviensalat waschen, trocken schleudern, putzen und quer in schmale Streifen schneiden.

Milch und Butter in einem Topf erhitzen, mit ½ TL Salz und etwas Muskat würzen. Kartoffeln zugeben, kurz erwärmen und mit einem Kartoffelstampfer zerstampfen. Endiviensalat nach und nach zugeben und unterheben. Abgedeckt 2 bis 3 Minuten ziehen lassen, damit die Salatblätter etwas weicher werden. Sesamhähnchen mit Endivienstampf servieren.

PRO PORTION: ca. 600 kcal | Eiweiß: 46 g | Fette: 26 g | Kohlenhydrate: 45 g

Gefüllte Datteln

– GEHT SCHNELL –

Der perfekte Snack für die Menstruationsphase.
Die mit Mandelmus und Schokolade gefüllten Datteln sind süß und wirken trotzdem stabilisierend auf den Blutzucker.

FÜR 2 PORTIONEN
10 MINUTEN

4 Medjool-Datteln
4 TL Mandel- oder Nussmus
20 g Zartbitterschokolade (mind. 75 % Kakaoanteil)
1 TL geschälte Hanfsamen

Datteln längs auf-, aber nicht durchschneiden und entkernen. Mit je 1 TL Mandel- oder Nussmus füllen.

Schokolade in 4 Stücke schneiden und je 1 Stück in jede Dattel geben. Mit Hanfsamen bestreuen und servieren.

TIPP: Medjool-Datteln sind besonders groß, saftig und süß. Daher sind sie besonders gut geeignet, um einen süßen Snack zuzubereiten. Sie sind in gut sortierten Supermärkten erhältlich. Eine andere Bezeichnung ist Medjoul-Datteln.

PRO PORTION: ca. 220 kcal | Eiweiß: 4 g | Fette: 11 g | Kohlenhydrate: 26 g

Golden Vanilla-Milk

– GEHT SCHNELL –

Die Golden Milk darf bei mir nicht fehlen. Sie schmeckt nicht nur lecker, sondern ist auch eine perfekte Unterstützung vor allem in den ersten Tagen der Menstruation.

FÜR 2 PORTIONEN
15 MINUTEN

1 walnussgroßes Stück Ingwer
½ Vanilleschote
1 TL Kokosöl
1 TL Kurkumapulver
1 Zimtstange
400 ml ungesüßter Mandeldrink
20 g ungesüßtes weißes Mandelmus
1 EL reines Kollagenpulver

Ingwer schälen und in grobe Stücke schneiden. Vanilleschote längs aufschlitzen und das Mark herauskratzen.

Kokosöl in einem Topf schmelzen. Kurkuma zugeben und kurz anschwitzen. Ingwer, Vanilleschote und -mark, Zimtstange und Mandeldrink in den Topf geben.

Alles langsam zum Köcheln bringen und ca. 10 Minuten bei kleiner Hitze ziehen lassen. Golden Milk durch ein feines Sieb in zwei Tassen gießen. Mandelmus und Kollagen zugeben und rühren, bis sich beides aufgelöst hat. Sofort servieren.

TIPP: Die wichtigste Zutat der Goldenen Milch ist Kurkuma, die darin enthaltenen ätherischen Öle sind für die goldgelbe Farbe verantwortlich. Du kannst statt Kurkumapulver auch frisch geriebene Kurkumawurzel verwenden.

PRO PORTION: ca. 130 kcal | Eiweiß: 7 g | Fette: 10 g | Kohlenhydrate: 2 g

REZEPTE

Phase 2

Leichte und nährstoffreiche Rezepte begleiten dich in der Follikelphase.
Die Gerichte unterstützen in dieser Phase
des inneren Frühlings deine Hormonproduktion und sorgen
für ein hohes Energielevel.

Beeren-Sesam-Shake

– VEGAN –

Der Shake ist ein leichtes Frühstück. Ideal für die Follikelphase, in der wir meist weniger Appetit haben. Bei der Auswahl der Beeren kannst du nach deinem Geschmack variieren.

FÜR 2 PORTIONEN
10 MINUTEN + 20 MINUTEN ZIEHEN

1 Medjool-Dattel
50 g gemahlene Mandeln
20 g glutenfreie Haferflocken
200 g TK-Beeren (z. B. Blaubeeren und Himbeeren)
20 g Tahin (Sesampaste)
½ TL natürlicher Vanilleextrakt
½ TL Zitronensaft
20 g ungesüßtes (veganes) Proteinpulver

Dattel entsteinen und grob würfeln. Mit Mandeln und Haferflocken in einen Mixer geben und mit 500 ml kochendem Wasser übergießen. Ca. 20 Minuten ziehen lassen.

Inzwischen gefrorene Beeren antauen lassen. Mit Tahin, Vanilleextrakt, Zitronensaft und Proteinpulver in den Mixer zugeben und alles cremig pürieren.

Den Beeren-Sesam-Shake auf zwei Gläser verteilen und sofort servieren.

TIPP: Die angetauten Beeren machen den Shake schön sämig, die Dattel verleiht ihm eine feine Süße. Bei der Auswahl der Beeren kannst du dich nach deinem Geschmack und nach dem Angebot richten.

PRO PORTION: ca. 345 kcal | Eiweiß: 15 g | Fette: 20 g | Kohlenhydrate: 23 g

Stulle mit Kichererbsensalat

— GEHT SCHNELL —

Stulle ist nicht gleich Stulle – und die hier hat es in sich!
Vollgepackt mit tollen Nährstoffen,
die nicht schwer im Magen liegen und deinen Stoffwechsel unterstützen.

FÜR 2 PORTIONEN
20 MINUTEN

1 Glas Kichererbsen (230 g Abtropfgewicht)
30 g Sonnenblumenkerne
2 Frühlingszwiebeln
2 Stangen Staudensellerie
½ Bund Petersilie
50 g Schafjoghurt griechische Art (mind. 7,5 % Fett)
½ TL mittelscharfer Senf
½ TL Ahornsirup
1 Spritzer Zitronensaft
¼ TL Kurkumapulver
Salz
Pfeffer
einige Salatblätter
2 Scheiben glutenfreies Vollkornbrot (à 50 g) oder 4 glutenfreie Leinsamencracker

Kichererbsen abgießen und abtropfen lassen. Sonnenblumenkerne in einer Pfanne ohne Fett rösten, bis sie duften, herausnehmen. Frühlingszwiebeln putzen, waschen und fein schneiden. Sellerie putzen, entfädeln, waschen und fein schneiden. Petersilie waschen, trocken schütteln, Blätter von den Stielen zupfen und klein hacken.

Kichererbsen in einer Schüssel mit einer Gabel zerdrücken. Joghurt, Senf, Ahornsirup, Zitronensaft und Kurkuma untermischen. Sonnenblumenkerne, Frühlingszwiebeln, Sellerie und Petersilie zugeben und unterheben. Mit Salz und Pfeffer würzen.

Salatblätter waschen und trocken schütteln. Brotscheiben mit Salatblättern belegen, Kichererbsensalat darauf verteilen und servieren.

MEAL PREP: Der Kichererbsensalat lässt sich gut vorbereiten und bleibt abgedeckt im Kühlschrank ca. 3 Tage frisch.

PRO PORTION: ca. 380 kcal | Eiweiß: 18 g | Fette: 12 g | Kohlenhydrate: 50 g

Sticky Tempeh-Bowl

– PROTEINREICH –

Ich bin ein großer Fan von Mix-and-Match-Bowls und
diese Tempeh-Bowl lädt genau dazu ein.
Ganz nebenbei ist sie ein toller Booster für Hormone und Stoffwechsel.

FÜR 2 PORTIONEN
30 MINUTEN

250 g Tempeh
1 walnussgroßes Stück Ingwer
1 Knoblauchzehe
2 EL + 1 TL Tamari
2 EL Misopaste
1 EL Öl
Chiliflocken
150 g Vollkorn-Basmatireis
Salz
100 g Rotkohl
¼ Salatgurke
1 Möhre
1 Frühlingszwiebel
1 Bund Koriander
1 TL Apfelessig
2 TL Sesamöl

Backofen auf 200 °C (180 °C Umluft) vorheizen. Ein Backblech mit Backpapier belegen. Tempeh in knapp 1 cm dicke Scheiben und diese in mundgerechte Stücke schneiden.

Ingwer und Knoblauch schälen und fein würfeln. Mit 2 EL Tamari, 1 EL Misopaste, Öl und nach Belieben Chiliflocken verrühren. Tempeh darin wenden, dann auf dem Blech verteilen und im heißen Ofen 15 bis 20 Minuten backen.

Inzwischen Reis nach Packungsanweisung in Salzwasser garen. Rotkohl waschen, putzen und in schmalen Streifen vom Strunk hobeln oder schneiden. Gurke waschen, putzen, längs halbieren und Kerne mit einem Teelöffel herauskratzen. Gurke in dünne Scheiben hobeln oder schneiden. Möhre putzen, schälen und grob raspeln. Frühlingszwiebel putzen, waschen und in feine Ringe schneiden. Koriander waschen, trocken schütteln und samt feiner Stiele hacken.

Für das Dressing 1 EL Misopaste, Apfelessig, 1 TL Tamari, Sesamöl und 25 ml Wasser im Blitzhacker oder mit einem Schneebesen gut mixen.

Reis auf zwei Schalen verteilen. Vorbereitetes Gemüse und Tempeh darauf anrichten. Mit dem Dressing beträufeln und mit Koriander bestreut servieren.

PRO PORTION: ca. 605 kcal | Eiweiß: 33 g | Fette: 23 g | Kohlenhydrate: 67 g

Sauerkraut-Linsen-Salat

– VEGETARISCH –

Dieser Salat tut nicht nur deinen Hormonen gut, sondern auch deinem Darm. Die köstliche Mischung aus frischem Sauerkraut, erdigen Linsen, knackiger Möhre und süßem Apfel ist auch für Meal Prep geeignet.

FÜR 2 PORTIONEN
15 MINUTEN + 20 MINUTEN ZIEHEN

- 250 g frisches Sauerkraut
- 1 Glas braune Linsen (260 g Abtropfgewicht)
- 2 Frühlingszwiebeln
- 1 dickere Möhre
- 1 kleiner rotschaliger Apfel
- 100 g Schafjoghurt griechische Art (mind. 7,5 % Fett)
- 1 TL Ahornsirup
- 1 TL Öl
- Salz
- Pfeffer
- 2 EL geschroteter Leinsamen

Sauerkraut in ein Sieb geben und gut abtropfen lassen, die Flüssigkeit dabei auffangen. Linsen abgießen, kalt abbrausen und ebenfalls gut abtropfen lassen.

Frühlingszwiebeln putzen, waschen und in schmale Ringe schneiden. Möhre putzen, schälen und grob raspeln. Apfel waschen, vierteln, entkernen und quer in schmale Scheiben schneiden.

Für das Dressing Joghurt mit Ahornsirup, Öl, 1 bis 2 TL Sauerkrautflüssigkeit, Salz und Pfeffer glatt rühren.

Alle vorbereiteten Salatzutaten mit dem Dressing mischen. Abgedeckt mindestens 20 Minuten durchziehen lassen. Vor dem Servieren Leinsamen in einer Pfanne ohne Fett kurz anrösten. Salat anrichten und damit bestreuen.

TIPP: Der Leinsamen gibt dem Salat einen nussigen Touch. Alternativ kannst du auch gehackte Walnusskerne rösten und den Salat damit bestreuen.

PRO PORTION: ca. 405 kcal | Eiweiß: 23 g | Fette: 13 g | Kohlenhydrate: 46 g

Buchweizen-Bowl mit Spiegelei

– VEGETARISCH –

Gibt es eigentlich eine bessere Kombi als Avocado und Ei? Sehr lecker, sättigend und gesund. Von der Sauce bereite ich mir immer etwas mehr zu und nutze sie auch für andere Gerichte.

FÜR 2 PORTIONEN
30 MINUTEN

100 g Buchweizen
Salz
150 g junger Spinat
½ Bund Petersilie
2 Frühlingszwiebeln
100 g Kirschtomaten
1 kleine reife Avocado
1 TL Misopaste
2 EL Tahin (Sesampaste)
1 TL Ahornsirup
2 EL Zitronensaft
2 EL Olivenöl
2 Eier
Pfeffer
20 g Sonnenblumenkerne
150 g Kimchi

Buchweizen in einem Sieb kalt abbrausen. Mit 225 ml Wasser in einen Topf geben, leicht salzen, aufkochen und zugedeckt bei kleiner Hitze ca. 15 Minuten garen.

Inzwischen Spinat verlesen, waschen, abtropfen lassen und grob hacken. Petersilie waschen, trocken schütteln, Blätter von den Stielen zupfen und fein hacken. Frühlingszwiebeln putzen, waschen und in feine Ringe schneiden. Tomaten waschen und halbieren. Avocado halbieren, den Kern entfernen, das Fruchtfleisch aus der Schale lösen und in schmale Spalten schneiden. Für die Sauce Misopaste, Tahin, Ahornsirup, Zitronensaft und 1 EL Öl glatt rühren und salzen.

1 EL Öl in einer Pfanne erhitzen. Eier darin zu Spiegeleiern braten, salzen, pfeffern, herausnehmen und warm halten. Frühlingszwiebeln im Bratfett der Eier andünsten. Spinat zugeben und zusammenfallen lassen. Gegarten Buchweizen und Petersilie untermischen, kurz weiterbraten, salzen und pfeffern. Sonnenblumenkerne in einer beschichteten Pfanne ohne Fett rösten.

Buchweizenmischung auf zwei Schalen verteilen. Tomaten, Avocado, Kimchi und Spiegeleier darauf anrichten. Mit etwas Sauce beträufeln, mit Sonnenblumenkernen bestreuen und servieren. Übrige Sauce separat dazu reichen.

TIPP: Du möchtest Kimchi selbst machen?
Ein Rezept dafür kannst du hier herunterladen:
hannah-willemsen.com/zyklus-balance/rezepte

PRO PORTION: ca. 605 kcal | Eiweiß: 22 g | Fett: 34 g | Kohlenhydrate: 52 g

Fruchtiger Hähnchen-Avocado-Salat

– PROTEINREICH –

Der Hähnchen-Avocado-Salat landet bei mir regelmäßig auf dem Tisch – leicht und einfach lecker! Die fruchtige Grapefruit ist eine perfekte Ergänzung für die übrigen Zutaten.

FÜR 2 PORTIONEN
30 MINUTEN

- 200 g Bio-Hähnchenbrustfilet
- 150 g Rucola
- 1 reife Avocado
- 1 Pink Grapefruit
- 3 Stiele Basilikum
- 100 g Schafjoghurt griechische Art (mind. 7,5 % Fett)
- Salz
- Pfeffer
- 1 Knoblauchzehe
- 2 Scheiben glutenfreies Vollkornbrot (à 50 g)
- 2 EL Olivenöl

Fleisch in einem Dämpfeinsatz in einem Topf bei mittlerer Hitze je nach Dicke der Filets 12 bis 15 Minuten gar dämpfen. Alternativ knapp bedeckt mit Salzwasser garen.

Inzwischen Rucola verlesen, waschen und trocken schütteln. Avocado halbieren, den Kern entfernen, das Fruchtfleisch aus der Schale lösen und in schmale Spalten schneiden. Grapefruit schälen und filetieren, dabei den Saft auffangen. Basilikum waschen, trocken schütteln, Blätter von den Stielen zupfen. Einige zur Seite legen, übrige Blätter grob schneiden.

Für das Dressing Avocado, Joghurt, 2 EL Grapefruitsaft und geschnittenes Basilikum cremig pürieren, salzen und pfeffern.

Hähnchenfilet quer in schmale Scheiben schneiden. Rucola in einer flachen Schale anrichten. Grapefruitfilets und Hähnchen darauf verteilen. Avocadodressing dekorativ darübergeben.

Knoblauch schälen und halbieren. Brotscheiben mit den Knoblauchhälften kräftig einreiben und in kleine Würfel schneiden. Öl in einer Pfanne erhitzen, darin Brotwürfel rundherum knusprig braten. Salat mit Brotwürfeln bestreuen, mit übrigem Basilikum dekorieren und sofort servieren.

PRO PORTION: ca. 535 kcal | **Eiweiß:** 33 g | **Fette:** 28 g | **Kohlenhydrate:** 35 g

Hasselback-Zucchini mit Quinoa

– VEGETARISCH –

Diese Art der Zubereitung ist nicht nur einfach, die Hasselback-Zucchini sehen auch toll aus. Sie sind farbenfroh und leicht – ideal für die aktiven Tage in der Follikelphase.

FÜR 2 PORTIONEN
45 MINUTEN

2 mittelgroße Zucchini
4 Stiele Basilikum
2 EL Olivenöl
Salz
1 Kugel Büffel-Mozzarella (125 g)
2 mittelgroße Tomaten
2 EL Pinienkerne
120 g Quinoa

Backofen auf 220 °C (200 °C Umluft) vorheizen. Zucchini waschen, trocken reiben und dicht an dicht quer ein-, aber nicht durchschneiden. In eine flache Auflaufform setzen. Basilikum waschen, trocken schütteln, Blätter von den Stielen zupfen und grob hacken. Mit Öl und etwas Salz im Blitzhacker fein pürieren.

Mozzarella abtropfen lassen, trocken tupfen und in schmale Scheiben schneiden. Tomaten waschen, trocknen und ebenfalls in schmale Scheiben schneiden. Einschnitte der Zucchini mit Basilikumöl einstreichen und mit je einer Mozzarella- und Tomatenscheibe füllen. Zucchini mit etwas Basilikumöl bestreichen. Übriges Basilikumöl zur Seite stellen. Zucchini im heißen Ofen 25 bis 30 Minuten backen. Dabei ca. 5 Minuten vor Ende der Garzeit mit Pinienkernen bestreuen.

Inzwischen Quinoa in ein feines Sieb geben, mit kaltem Wasser gut abbrausen und nach Packungsanweisung mit etwas Salz garen. Zucchini mit Quinoa und übrigem Basilikumöl servieren.

TIPP: Lege zum Einschneiden der Zucchini auf beide Seiten einen Kochlöffel und schneide bis zum Löffelstiel hinunter. Dann besteht nicht die Gefahr, die Zucchini komplett durchzuschneiden.

PRO PORTION: ca. 620 kcal | Eiweiß: 28 g | Fette: 35 g | Kohlenhydrate: 48 g

Nizza-Salat

– VEGETARISCH –

Nizza-Salat gibt es in zahlreichen Varianten – diese hier gehört absolut zu meinen Favoriten. Der Salat ist perfekt für die Follikelphase und den Übergang in die nächste Phase.

FÜR 2 PORTIONEN
25 MIN. + 12 STD. (ÜBER NACHT) ABKÜHLEN

500 g festkochende Kartoffeln
2 Eier
200 g TK-Grüne-Bohnen
Salz
2 Romanasalatherzen (ca. 200 g)
2 mittelgroße Tomaten
1 Frühlingszwiebel
25 g schwarze Oliven
1 Glas eingelegte Artischockenherzen (160 g Abtropfgewicht)
3 EL Olivenöl
30 g Brokkoli- oder Radieschensprossen
½ TL helle Misopaste
1–2 TL Weißweinessig
½ TL mittelscharfer Senf
½ TL Ahornsirup
Pfeffer
1 Knoblauchzehe

Am Vortag Kartoffeln gründlich waschen, in einen Topf geben, knapp mit Wasser bedecken, aufkochen und zugedeckt bei mittlerer Hitze ca. 20 Minuten garen. Abgießen, abkühlen lassen, pellen und über Nacht kalt stellen.

Am nächsten Tag Eier in kochendem Wasser in 8 bis 9 Minuten hart kochen. Bohnen nach Packungsanweisung in Salzwasser garen. Salat putzen, in Blätter teilen, waschen und trocken schleudern. Tomaten waschen, trocken tupfen und achteln. Frühlingszwiebel putzen, waschen und in schmale Ringe schneiden. Oliven und Artischockenherzen abtropfen lassen. Artischocken kleiner schneiden.

Kartoffeln in 1 bis 2 cm große Würfel schneiden. 1 EL Öl in einer weiten beschichteten Pfanne erhitzen. Kartoffelwürfel darin rundherum knusprig anbraten. Sprossen waschen und abtropfen lassen. Eier kalt abschrecken, pellen und achteln.

Für das Dressing Misopaste, Essig, Senf, Ahornsirup, Salz und Pfeffer verrühren. 2 EL Öl darunterschlagen. Knoblauch schälen, halbieren, eine Salatschüssel damit ausreiben. Schüssel mit Salatblättern auslegen, vorbereitete Salatzutaten darauf anrichten. Dressing darüberträufeln, Kartoffelcroûtons und Sprossen darauf verteilen und servieren.

PRO PORTION: ca. 535 kcal | Eiweiß: 20 g | Fette: 27 g | Kohlenhydrate: 51 g

Orangenjoghurt

– GEHT SCHNELL –

Eine Handvoll Zutaten und ein paar Minuten Zeit – mehr brauchst du nicht für diesen köstlichen Joghurt. Ich liebe die Frische dieser Kombi aus Joghurt, Orange und Minze!

FÜR 2 PORTIONEN
10 MINUTEN

1 Bio-Orange
2 Becher Schafjoghurt griechische Art (à 150 g; mind. 7,5 % Fett)
½ TL Ahornsirup
2 EL geschroteter Leinsamen
Zimt
Minzblättchen zur Deko

Orange heiß waschen, die Hälfte der Schale fein abreiben. Frucht so schälen, dass auch die weiße Haut entfernt wird. Filets zwischen den Trennhäuten herausschneiden, dabei den Saft auffangen.

Joghurt mit Orangensaft, Ahornsirup und Leinsamen verrühren. Orangenjoghurt auf zwei Dessertschalen verteilen. Orangenfilets darauf anrichten, alles mit etwas Zimt bestäuben und mit Minze dekoriert servieren.

TIPP: Der Orangenjoghurt lässt sich gut vorbereiten. Er kann in einem verschlossenen Gefäß im Kühlschrank aufbewahrt werden. Erst kurz vor dem Servieren mit Zimt bestäuben und mit Minze dekorieren.

PRO PORTION: ca. 280 kcal | Eiweiß: 13 g | Fette: 18 g | Kohlenhydrate: 17 g

Sonnenblumen-Hummus mit Knabbergemüse

– GEHT SCHNELL –

Der Hummus ist schnell gerührt und lässt sich gut aufbewahren. Kombiniert mit Gemüsesticks nach Wahl ist er der perfekte Snack für unterwegs – und hilft wunderbar gegen Heißhunger.

FÜR 2 PORTIONEN
15 MINUTEN

30 g Sonnenblumenkerne
2 TL Mandelmus
4 EL Schafjoghurt natur (mind. 5 % Fett)
1 TL Zitronensaft
Salz
1 Msp. gemahlener Kreuzkümmel
200 g rohes Gemüse zum Knabbern (z. B. Möhren, Staudensellerie, Paprika)

Sonnenblumenkerne mit Mandelmus, Joghurt und Zitronensaft im Blitzhacker oder mit einem Stabmixer fein pürieren. Mit Salz und Kreuzkümmel würzen und in ein Schälchen füllen.

Gemüse waschen und je nach Sorte putzen und schälen. In mundgerechte Sticks schneiden. Gemüsesticks mit dem Sonnenblumen-Hummus servieren.

MEAL PREP: Abgedeckt im Kühlschrank hält sich der Sonnenblumen-Hummus ca. 5 Tage – es lohnt sich also, gleich eine größere Menge zuzubereiten.

TIPP: Zum Servieren den Hummus nach Belieben mit etwas Kreuzkümmel und einigen gehackten Sonnenblumenkernen bestreuen.

PRO PORTION: ca. 160 kcal | Eiweiß: 7 g | Fette: 11 g | Kohlenhydrate: 7 g

REZEPTE

Phase 3

Erfrischende und vitalisierende Mahlzeiten unterstützen das hohe Energie- und Hormonlevel in der Ovulationsphase. Sie lassen dich erstrahlen und bereiten dich wunderbar auf den Übergang vom inneren Sommer zum inneren Herbst vor.

Carrot Cake Oats

– VEGETARISCH –

Das perfekte Frühstück – oder auch Spätstück –, um das hohe Östrogen in der Ovulationsphase zu regulieren und den Körper mit Nährstoffen zu versorgen.

FÜR 2 PORTIONEN
10 MINUTEN + 12 STUNDEN (ÜBER NACHT) ZIEHEN

1 dicke Möhre
60 g glutenfreie Haferflocken
20 g geschroteter Leinsamen
200 ml Ziegenmilch
100 g Schafjoghurt griechische Art (mind. 7,5 % Fett)
½ TL natürlicher Vanilleextrakt
2 TL Zitronensaft
1 TL Ahornsirup
30 g Walnusskerne

Möhre putzen, schälen und grob raspeln. Haferflocken, Leinsamen, Milch, Joghurt, Vanilleextrakt, Zitronensaft und Ahornsirup in einer Rührschüssel mischen. Möhrenraspel unterheben.

Die Mischung auf zwei Müslischalen verteilen. Abgedeckt über Nacht im Kühlschrank durchziehen lassen.

Am nächsten Morgen die Walnüsse in einer Pfanne ohne Fett rösten, herausnehmen und grob hacken. Nüsse auf die Carrot Cake Oats streuen und servieren.

MEAL PREP: Die Oats lassen sich auch super vorbereiten und mitnehmen. Dazu die Mischung einfach in Schraubgläser (à ca. 450 ml Inhalt) füllen, verschließen und über Nacht kalt stellen. Geröstete Walnüsse separat einpacken und die Oats vor dem Genießen damit bestreuen.

PRO PORTION: ca. 425 kcal | Elweiß: 16 g | Fette: 25 g | Kohlenhydrate: 33 g

Spinat-Frittata

– VEGETARISCH –

Die Spinat-Frittata kannst du zu jeder Tageszeit genießen:
Sie lässt dich mit Power in den Tag starten,
ist aber auch ein leckeres, leichtes Mittag- oder Abendessen.

FÜR 2 PORTIONEN
25 MINUTEN

100 g Babyspinat
3 Stiele Basilikum
1 Frühlingszwiebel
4 Eier
4 EL Ziegenmilch
25 g geriebener Parmesan
Salz
Pfeffer
frisch geriebene Muskatnuss
2 EL Olivenöl
250 g Kirschtomaten
80 g Rucola
1 EL Weißweinessig
1 Beet Kresse

Spinat verlesen, waschen, gut abtropfen lassen und grob hacken. Basilikum waschen, trocken schütteln, Blätter von den Stielen zupfen und hacken. Frühlingszwiebel putzen, waschen und fein schneiden. Eier mit Milch, Parmesan, Salz, Pfeffer und 1 Prise Muskatnuss verquirlen.

1 EL Öl in einer beschichteten Pfanne (ca. 24 cm Durchmesser) erhitzen. Frühlingszwiebel darin kurz andünsten. Spinat zugeben und in 1 bis 2 Minuten zusammenfallen lassen. Basilikum unterrühren und gleichmäßig in der Pfanne verteilen. Eiermasse darübergießen, Hitze reduzieren und die Frittata ca. 5 Minuten stocken lassen. 1 bis 2 Minuten vor Ende der Garzeit den Deckel auflegen.

Inzwischen Tomaten waschen, trocken reiben und halbieren. Rucola verlesen, waschen und trocken schleudern. Grobe Stiele entfernen. Rucola und Tomaten in eine Schüssel geben. Mit 1 EL Öl und Essig beträufeln, mit Salz und Pfeffer würzen.

Kresse vom Beet schneiden. Frittata aus der Pfanne nehmen, vierteln und mit Kresse bestreuen. Mit Salat servieren.

PRO PORTION: ca. 390 kcal | Eiweiß: 24 g | Fette: 29 g | Kohlenhydrate: 8 g

Curry-Fisch mit Möhrensalat

– PROTEINREICH –

Feiner Fisch, knackige Möhren und sättigende Quinoa – dieses Gericht ist wohltuend und nährend und gibt deinem Körper alles, was er für den inneren Sommer braucht.

FÜR 2 PORTIONEN
25 MINUTEN

120 g Quinoa
Salz
250 g Möhren
4 Stiele Petersilie
2 Medjool-Datteln
1 TL Ahornsirup
3 TL Zitronensaft
3 TL + 1 EL Olivenöl
Pfeffer
1 TL Currypulver
250 g Kabeljaufilet aus Wildfang

Quinoa in einem feinen Sieb mit kaltem Wasser gut abbrausen und nach Packungsanweisung in Salzwasser garen.

Inzwischen für den Salat Möhren putzen, schälen und grob raspeln. Petersilie waschen, trocken schütteln, Blätter von den Stielen zupfen und hacken. Datteln entsteinen und klein schneiden. Ahornsirup, Zitronensaft, 3 TL Öl, Salz und Pfeffer in einer Schüssel verquirlen. Möhren, Petersilie und Datteln zugeben. Salat zur Seite stellen und durchziehen lassen.

Currypulver mit etwas Salz und Pfeffer auf einem flachen Teller mischen. Fischfilet in 2 Stücke schneiden, im Currypulver wenden. 1 EL Öl in einer beschichteten Pfanne erhitzen. Fisch darin je nach Dicke 2 bis 4 Minuten pro Seite braten. Curry-Fisch mit Quinoa und Möhrensalat anrichten und servieren.

PRO PORTION: ca. 500 kcal | Eiweiß: 31 g | Fette: 17 g | Kohlenhydrate: 56 g

Linsennudeln mit Brokkolipesto und Feta

– PROTEINREICH –

Pasta mit Pesto ist ein absolutes Lieblingsessen. Hier wird das Pesto aus Brokkoli zubereitet und das Ganze von Brokkolisprossen gekrönt – und ist damit perfekt auf die Ovulationsphase abgestimmt.

FÜR 2 PORTIONEN
25 MINUTEN

125 g Brokkoliröschen (geputzt gewogen)
Salz
4 Stiele Petersilie
35 g Pekannusskerne
1 Knoblauchzehe
1 EL Zitronensaft
1 TL abgeriebene Bio-Zitronenschale
2 EL Olivenöl
Pfeffer
200 g Rote-Linsen-Nudeln
25 g Brokkolisprossen
100 g Feta (Schafskäse)

Brokkoliröschen waschen. In einem Topf knapp mit Salzwasser bedecken, aufkochen und zugedeckt ca. 8 Minuten dünsten.

Inzwischen Petersilie waschen, trocken schütteln, Blätter von den Stielen zupfen und grob hacken. Nüsse in einer beschichteten Pfanne ohne Fett rösten, bis sie duften, herausnehmen. Knoblauch schälen und halbieren.

Brokkoli abgießen, abtropfen lassen. Mit Petersilie, Nüssen, Knoblauch, Zitronensaft und -schale sowie Öl in einem leistungsstarken Mixer pürieren. Mit Salz und Pfeffer würzen, eventuell noch etwas Zitronensaft zugeben.

Nudeln nach Packungsanweisung in Salzwasser garen, abgießen und abtropfen lassen. Sprossen waschen und abtropfen lassen. Nudeln mit dem Pesto anrichten, Feta darüberbröseln und mit Sprossen bestreuen. Sofort servieren.

TIPP: Rote-Linsen-Nudeln werden aus vermahlenen roten Linsen hergestellt. Sie sind schnell gar und enthalten mehr Eiweiß als Nudeln aus Hartweizengrieß.

PRO PORTION: ca. 635 kcal | Eiweiß: 32 g | Fette: 29 g | Kohlenhydrate: 60 g

Shakshuka

– VEGETARISCH –

Shakshuka ist ein Klassiker der levantinischen Küche und wird häufig zum Frühstück serviert. Es besteht aus pochierten Eiern in einer würzigen Tomatensauce und vereint viele verschiedene Nährstoffe.

FÜR 2 PORTIONEN
30 MINUTEN

1 Zwiebel
1 Knoblauchzehe
1 kleine Zucchini (ca. 200 g)
1 rote Spitzpaprika
1 EL Olivenöl
Salz
Pfeffer
½ TL gemahlener Kreuzkümmel
1 TL getrockneter Oregano
1 Glas gehackte Tomaten (420 g)
4 Eier
25 g Brokkolisprossen
2 EL gehackte Petersilie

Zwiebel und Knoblauch schälen und fein würfeln. Zucchini putzen, waschen, längs halbieren und klein würfeln. Paprika putzen, waschen und klein würfeln.

Öl in einer beschichteten Pfanne erhitzen. Zwiebel und Knoblauch darin andünsten. Gemüse zugeben und unter Rühren ca. 5 Minuten braten. Mit Salz, Pfeffer, Kreuzkümmel und Oregano würzen. Tomaten zugeben, aufkochen und bei starker Hitze ca. 5 Minuten einkochen lassen.

Ragout mit Salz und Pfeffer würzig abschmecken. Mit einem Löffel 4 Kuhlen in das Ragout drücken. Eier einzeln in eine Tasse aufschlagen und vorsichtig in je 1 Kuhle gleiten lassen. Eiweiß mit einem Löffel jeweils etwas über die Eigelbe ziehen. Die Pfanne schließen und Shakshuka ca. 6 Minuten garen, bis die Eier gestockt sind.

Sprossen waschen und abtropfen lassen. Zusammen mit der Petersilie über das Shakshuka streuen und sofort servieren.

AUCH LECKER: Das Gemüse lässt sich nach Vorrat, Geschmack und Saison austauschen. Statt Zucchini und Paprika schmecken zum Beispiel auch Pilze, Blattspinat, Möhren, Kürbis oder Staudensellerie.

PRO PORTION: ca. 330 kcal | Eiweiß: 21 g | Fette: 20 g | Kohlenhydrate: 16 g

Chicorée-Linsen-Salat mit Ziegenkäse

– GEHT SCHNELL –

Die Bitterstoffe im Chicorée unterstützen deine Leber und optimieren gleichzeitig deine Verdauung. Die Linsen sorgen für Sättigung und der Ziegenkäse verleiht dem Salat cremige Frische.

FÜR 2 PORTIONEN
20 MINUTEN

300 g Chicorée
1 Frühlingszwiebel
1 Möhre
1 Glas braune Linsen (260 g Abtropfgewicht)
1–2 TL mittelscharfer Senf
2 EL Apfelessig
1 EL Orangensaft
Salz
Pfeffer
2 EL Olivenöl
1 EL Walnussöl
30 g Walnusskerne
150 g Ziegenfrischkäse-Taler

Chicorée putzen, waschen und die äußeren großen Blätter im Ganzen ablösen. Vom Rest den Strunk herausschneiden und die Blätter längs in Streifen schneiden. Frühlingszwiebel waschen, putzen und in schmale Ringe schneiden. Möhre waschen, putzen, schälen und klein würfeln. Linsen abgießen, abbrausen und gut abtropfen lassen.

Für das Dressing Senf, Essig, Orangensaft, Salz und Pfeffer verquirlen. Oliven- und Walnussöl nach und nach unterrühren, mit Salz und Pfeffer würzen. Linsen, Frühlingszwiebelringe und Möhrenwürfel unter das Dressing mischen.

Walnüsse in einer beschichteten Pfanne ohne Fett anrösten und grob hacken. Chicoréeblätter auf einer Platte anrichten, Chicoréestreifen und Linsensalat darauf verteilen. Ziegenkäsetaler daraufsetzen und den Salat mit Nüssen bestreut servieren.

MEAL PREP: Der Salat lässt sich super vorbereiten und ist ideal zum Mitnehmen für die Mittagspause.

AUCH LECKER: Zu dem Salat schmeckt gebratenes Bio-Hähnchenfilet oder gebratener Lachs aus Wildfang.

PRO PORTION: ca. 510 kcal | Eiweiß: 21 g | Fette: 35 g | Kohlenhydrate: 28 g

Sobanudel-Salat

— **PROTEINREICH** —

Der Sobanudel-Salat mit extraviel Grünzeug ist eine tolle Alternative zu „normalen“ Nudelgerichten und perfekt für die Eisprungphase. Die Hähnchenbrust liefert reichlich Eiweiß.

FÜR 2 PORTIONEN
30 MINUTEN

200 g Bio-Hähnchenbrustfilet
2 Frühlingszwiebeln
½ Bund Radieschen
½ Salatgurke
30 g Brokkoli- oder Radieschensprossen
½ reife Avocado
1 haselnussgroßes Stück Ingwer
2 EL Apfelessig
2 EL Tamari
1 TL Ahornsirup
1 EL Öl
1 EL geröstetes Sesamöl
120 g Sobanudeln
Salz
Pfeffer

Fleisch in einem Dämpfeinsatz in einem großen Topf bei mittlerer Hitze je nach Dicke der Filets 12 bis 15 Minuten gar dämpfen. Alternativ knapp bedeckt mit Salzwasser garen.

Frühlingszwiebeln putzen, waschen und in Ringe schneiden. Radieschen waschen, putzen und in dünne Scheiben hobeln oder schneiden. Die Blätter fein hacken. Gurke waschen, längs halbieren und Kerne herauskratzen. Gurke in dünne Scheiben hobeln oder schneiden. Sprossen waschen und abtropfen lassen. Avocadofruchtfleisch aus der Schale lösen und würfeln. Das gegarte Fleisch kurz abkühlen lassen und in kleine Würfel schneiden.

Für das Dressing Ingwer schälen und fein reiben. Essig, Tamari, Ahornsirup, Öl und Sesamöl verrühren. Ingwer untermischen.

Nudeln nach Packungsanweisung garen, abgießen, abtropfen lassen und noch warm unter das Dressing mischen. Etwas abkühlen lassen, dann alle vorbereiteten Zutaten zugeben und unter die Nudeln heben. Salat mit Salz und Pfeffer abschmecken und servieren.

TIPP: Sobanudeln sind japanische Buchweizennudeln. Du bekommst sie im Asia- oder Bioladen.

PRO PORTION: ca. 535 kcal | **Eiweiß:** 34 g | **Fette:** 19 g | **Kohlenhydrate:** 55 g

Kurkuma-Spiegelei mit Kokoskohl

– VEGETARISCH –

Diese Kombination mag ungewohnt klingen, ist aber überraschend gut und hält deine Hormone in Balance. Die Kurkuma ist nicht nur gesund, sondern macht das Spiegelei auch schön bunt.

FÜR 2 PORTIONEN
30 MINUTEN

100 g Vollkorn-Basmatireis
Salz
25 g Kokosraspel
1 grüne Chilischote
½ kleinerer Spitzkohl (ca. 400 g)
2 EL Öl
Pfeffer
½ TL Kurkumapulver
4 Eier

Reis nach Packungsanweisung in Salzwasser garen.

Inzwischen Kokosraspel in eine Schüssel geben, mit 60 ml kochendem Wasser übergießen und ca. 5 Minuten ziehen lassen. Chili längs halbieren, waschen und quer in schmale Streifen schneiden. Vom Kohl unschöne Außenblätter entfernen. Kohl waschen, halbieren und in schmalen Streifen vom Strunk schneiden. Eingeweichte Kokosraspel mit Chili und 120 ml Wasser im Blitzhacker oder Mixer pürieren.

1 EL Öl in einer Pfanne erhitzen. Kohl zugeben und unter Rühren 3 bis 4 Minuten bei starker Hitze anbraten. Kokosmasse zugeben, alles aufkochen und bei mittlerer Hitze 8 bis 10 Minuten schmoren, dabei öfter umrühren. Mit Salz und Pfeffer würzen.

1 EL Öl in einer zweiten Pfanne erhitzen. Kurkumapulver darin kurz anschwitzen. Eier in die Pfanne schlagen und zu Spiegeleiern braten. Mit Salz und Pfeffer würzen. Spiegeleier mit Kokoskohl und Reis servieren.

PRO PORTION: ca. 575 kcal | Eiweiß: 23 g | Fette: 33 g | Kohlenhydrate: 48 g

Proteinbällchen

— GEHT SCHNELL —

Proteinbällchen habe ich immer vorrätig. Sie sind der ideale Snack – auch für unterwegs –, halten deinen Blutzuckerspiegel in Balance und befriedigen trotzdem die Lust auf Süßes.

FÜR 16 STÜCK
15 MINUTEN

20 g glutenfreie Haferflocken
125 g ungesüßtes Nussmus
1 TL geschälte Hanfsamen
2 EL Ahornsirup
30 g ungesüßtes Proteinpulver
1 TL Zimt

Nach Belieben:
Backkakao, Kokosraspel, gehackte Nüsse oder Matchateepulver zum Wälzen

Haferflocken in einem Blitzhacker fein mahlen. Nussmus, Hanfsamen, Ahornsirup, Proteinpulver und Zimt zugeben und alles zu einer geschmeidigen Masse verarbeiten. Dabei noch 1 bis 3 EL Wasser zufügen, sodass die Masse am Ende gut formbar ist.

Pro Bällchen 1 gehäuften TL der Masse abstechen und mit leicht angefeuchteten Händen zu einer Kugel rollen. Auf diese Weise ca. 16 Kugeln formen. Kugeln nach Belieben in Kakao, Kokosraspeln, gehackten Nüssen oder Matchateepulver wälzen.

MEAL PREP: Luftdicht verpackt bleiben die Bällchen im Kühlschrank ca. 1 Woche frisch, eingefroren halten sie sogar ca. 3 Monate.

PRO STÜCK: ca. 65 kcal | Eiweiß: 3 g | Fette: 5 g | Kohlenhydrate: 2 g

Spicy Gewürznüsse

– PROTEINREICH –

Mein absoluter Snackfavorit sind diese Gewürznüsse. Ich habe immer einen kleinen Vorrat, knabbere sie unterwegs, abends auf der Couch oder auch am Schreibtisch.

FÜR 10 PORTIONEN (À CA. 30 G)
5 MINUTEN + 12 MINUTEN BACKZEIT

1 kleines Eiweiß (Größe S)
1 TL scharfes geräuchertes Paprikapulver
1 TL edelsüßes Paprikapulver
1 TL Salz
150 g Walnusskerne
150 g Mandeln mit Haut

Backofen auf 190 °C (170 °C Umluft) vorheizen. Ein Backblech mit Backpapier belegen.

Eiweiß in einer Schüssel mit einer Gabel verquirlen, bis es schaumig ist. Mit Paprika und Salz vermischen. Nüsse und Mandeln zum Eiweiß geben und gut mischen, bis alle Nüsse mit Eiweiß überzogen sind.

Nüsse auf dem Blech verteilen und im heißen Ofen (unterste Schiene) ca. 12 Minuten rösten. Aus dem Ofen nehmen und auskühlen lassen. Vom Backpapier lösen und in eine Blechdose oder ein Vorratsglas füllen.

MEAL PREP: Die Nüsse halten sich luftdicht verschlossen an einem kühlen Ort ca. 3 Monate.

AUCH LECKER: Das geräucherte Paprikapulver kann durch rosenscharfes Paprikapulver ersetzt werden. Du kannst die Nüsse nach Belieben auch mit anderen Gewürzen zubereiten, wie zum Beispiel Currypulver, Kurkuma oder Kreuzkümmel.

PRO PORTION: ca. 190 kcal | Eiweiß: 7 g | Fette: 19 g | Kohlenhydrate: 2 g

REZEPTE

Phase 4

Die Rezepte für die Lutealphase wirken ausgleichend auf Körper, Geist und Seele. Sie stabilisieren deinen Blutzuckerspiegel, die Hormone und deine Stimmung und gleichzeitig wird deine Entgiftung unterstützt.

Schoko-Chia-Pudding mit Beeren

– VEGETARISCH –

Ein tolles nährstoffreiches Frühstück, das mit verschiedenen Beeren variiert werden kann. Der Pudding lässt sich ganz wunderbar für ein paar Tage in größeren Mengen vorbereiten.

FÜR 2 PORTIONEN
15 MINUTEN + 12 STUNDEN (ÜBER NACHT) QUELLEN

- 1 Medjool-Dattel
- 200 ml Ziegenmilch
- ½ Vanilleschote (oder ½ TL natürlicher Vanilleextrakt)
- 4 EL Chiasamen
- 150 g Schafquark natur (mind. 20 % Fett i. Tr.)
- 1 EL ungesüßtes Kakaopulver
- 200 g frische Beeren nach Belieben
- 2 TL Mandelstifte
- 1 TL geraspelte Zartbitterschokolade

Dattel entsteinen und mit der Milch in einem Mixer pürieren. Vanilleschote längst aufschneiden und das Mark herauskratzen. Chiasamen mit Dattelmilch, Quark, Vanillemark und Kakao in einer Schüssel verrühren und ca. 15 Minuten quellen lassen. Gut durchrühren und auf zwei Schälchen verteilen. Abgedeckt über Nacht kalt stellen, damit die Chiasamen aufquellen können.

Am nächsten Morgen Beeren waschen, putzen und eventuell klein schneiden. Mandelstifte in einer beschichteten Pfanne ohne Fett rösten.

Beeren auf dem Chia-Pudding verteilen. Mit Mandelstiften und Zartbitterschokolade bestreuen und servieren.

TIPP: Statt der frischen Beeren kannst du auch TK-Beeren verwenden, die du nur rechtzeitig auftauen musst.

PRO PORTION: ca. 370 kcal | Eiweiß: 16 g | Fette: 23 g | Kohlenhydrate: 23 g

Herzhaftes Porridge

– GEHT SCHNELL –

Porridge mal anders – die herzhafte Variante bringt Abwechslung auf den Frühstückstisch. Ich genieße sie vor allem beim ausgiebigen Frühstück am Wochenende.

FÜR 2 PORTIONEN
20 MINUTEN

80 g glutenfreie Haferflocken
20 g geschroteter Leinsamen
400 ml Gemüsebrühe
Salz
2 Eier
100 g Babyspinat
100 g Kirschtomaten
2 TL Olivenöl
1 kleine Avocado
½ Beet Kresse
2 TL Zitronensaft
Pfeffer
2 TL geschälte Hanfsamen

Haferflocken und Leinsamen mit Gemüsebrühe und etwas Salz in einen kleinen Topf geben. Alles aufkochen und bei kleiner Hitze ca. 5 Minuten köcheln lassen. Dabei öfter rühren.

Inzwischen Eier in kochendem Wasser in ca. 6 Minuten wachsweich kochen. Spinat verlesen, waschen und abtropfen lassen. Tomaten waschen und trocken reiben. 1 TL Öl in einer Pfanne erhitzen, Spinat zugeben und zusammenfallen lassen. Mit Salz würzen, herausnehmen. 1 TL Öl in der Pfanne erhitzen und Tomaten darin 4 bis 5 Minuten anbraten, bis die Schale aufplatzt. Mit Salz würzen.

Avocado halbieren, den Kern entfernen, das Fruchtfleisch aus der Schale lösen und in schmale Spalten schneiden. Kresse vom Beet schneiden.

Porridge mit Zitronensaft und Pfeffer würzen und in zwei Schalen geben. Spinat, Tomaten und Avocado darauf verteilen und alles mit Kresse und Hanfsamen bestreuen. Eier pellen, auf das Porridge geben und halbieren. Sofort servieren.

AUCH LECKER: Das Porridge schmeckt auch mit Lachs: Statt Ei jeweils 75 g heiß geräucherten Lachs daraufgeben.

PRO PORTION: ca. 510 kcal | Eiweiß: 21 g | Fette: 33 g | Kohlenhydrate: 33 g

Süßkartoffelsuppe mit pochiertem Ei

– VEGETARISCH –

Diese Suppe gehört zu meinen absoluten Favoriten.
Besonders in der Lutealphase tut sie uns so gut und unterstützt den Körper.

FÜR 2 PORTIONEN
30 MINUTEN

1 kleine Zwiebel
500 g Süßkartoffeln
1 EL Olivenöl
600 ml Gemüsebrühe
1 Glas weiße Bohnen (260 g Abtropfgewicht)
2 EL Weißweinessig
2 sehr frische Eier
50 g Ziegenfrischkäse
Salz
Pfeffer
etwas Zitronensaft
2 EL gehackte Petersilie

Zwiebel schälen und klein würfeln. Süßkartoffeln schälen, waschen und grob würfeln. Öl in einem Topf erhitzen. Zwiebel darin andünsten, Süßkartoffeln zugeben und kurz andünsten. Gemüsebrühe angießen, alles aufkochen und zugedeckt bei kleiner bis mittlerer Hitze ca. 18 Minuten köcheln lassen.

Bohnen abgießen, kalt abbrausen und abtropfen lassen. Zu den Kartoffeln geben und alles weitere ca. 5 Minuten köcheln lassen.

Währenddessen reichlich Wasser mit Essig in einem weiten Topf zum Kochen bringen. Die Hitze reduzieren. Eier nacheinander einzeln in eine Suppenkelle aufschlagen und vorsichtig ins siedende Wasser gleiten lassen. Eiweiß dabei etwas über das Eigelb ziehen. Eier 4 bis 5 Minuten pochieren, dann ist das Eigelb innen noch flüssig. Eier mit einem Schaumlöffel herausheben und auf Küchenpapier abtropfen lassen.

Suppe vom Herd nehmen, Ziegenfrischkäse zugeben und alles mit einem Stabmixer oder im Mixer cremig pürieren. Mit Salz, Pfeffer und Zitronensaft würzen und in Suppenschalen anrichten. Je 1 pochiertes Ei auf die Suppe geben. Mit Petersilie bestreuen und servieren.

AUCH LECKER: Die Süßkartoffeln können auch durch Hokkaido- oder Butternusskürbis oder Möhren ersetzt werden.

PRO PORTION: ca. 560 kcal | Eiweiß: 23 g | Fette: 17 g | Kohlenhydrate: 78 g

Kartoffelsalat mit Sesamlachs

— PROTEINREICH —

Der Kartoffelsalat ist perfekt auf den inneren Herbst abgestimmt und unterstützt Hormone, Darm und die Entgiftung. Er braucht etwas Zeit zum Durchziehen und lässt sich so gut vorbereiten.

FÜR 2 PORTIONEN
35 MINUTEN + 12 STUNDEN (ÜBER NACHT) ZIEHEN

500 g festkochende Kartoffeln
1 kleine Zwiebel
3 EL Olivenöl
1–2 TL mittelscharfer Senf
100 ml Gemüsebrühe
2–3 EL Weißweinessig
Salz
Pfeffer
1–2 Tropfen Ahornsirup
200 g Wildlachsfilet
2 EL Sesam
1 Bund Schnittlauch
1 Bund Radieschen
30 g Brokkolisprossen

Am Vortag Kartoffeln gründlich unter fließendem Wasser abbürsten. In einen Topf mit Wasser geben, aufkochen und zugedeckt je nach Größe ca. 30 Minuten garen.

Zwiebel schälen und fein würfeln. 2 EL Öl in einer Pfanne erhitzen, Zwiebel darin andünsten. 1 knappen TL Senf und Brühe zugeben, aufkochen, 1 bis 2 Minuten köcheln lassen und vom Herd nehmen. Essig einrühren und das Dressing mit Salz, Pfeffer und Ahornsirup kräftig würzen.

Kartoffeln abgießen, kalt abschrecken, pellen und in Scheiben schneiden. Mit dem Dressing in eine Schüssel geben und vorsichtig durchmischen. Salat über Nacht abgedeckt im Kühlschrank durchziehen lassen.

Am nächsten Tag Lachs trocken tupfen, halbieren, mit Salz würzen und auf einer Seite dünn mit Senf bestreichen. Sesam auf einen flachen Teller geben, Lachs mit der bestrichenen Seite nach unten in den Sesam drücken. 1 EL Öl in einer beschichteten Pfanne erhitzen. Lachs darin auf der unbestrichenen Seite ca. 5 Minuten braten, dann auf der Sesamseite 2 bis 4 Minuten bei mittlerer Hitze braten.

Schnittlauch waschen, trocken schütteln und in Röllchen schneiden. Radieschen waschen, putzen und hobeln. Etwas Grün klein schneiden. Sprossen waschen und abtropfen lassen. Alles unter den Salat mischen. Salat mit Salz und Pfeffer abschmecken und mit dem Lachs servieren.

PRO PORTION: ca. 540 kcal | Eiweiß: 28 g | Fette: 28 g | Kohlenhydrate: 44 g

Gebratener Feta mit Spinatlinsen

– VEGETARISCH –

Ein absolutes Lieblingsgericht, das bei mir in der letzten Zyklusphase nie fehlen darf. Die sämigen Linsen sind ein feiner Kontrast zu dem knusprig gebratenen Feta.

FÜR 2 PORTIONEN
25 MINUTEN

3 Frühlingszwiebeln
400 g junger Spinat
100 g rote Linsen
2 EL Olivenöl
1 TL Kurkumapulver
¼ TL gemahlener Kreuzkümmel
50 g Hafer Cuisine
1–2 TL Zitronensaft
Salz
Pfeffer
200 g Feta (Schafskäse)
1 kleines Ei
2 EL geschroteter Leinsamen

Frühlingszwiebeln putzen, waschen und in schmale Ringe schneiden. Grünen Teil zur Seite legen. Spinat verlesen, waschen und trocken schleudern. Linsen in einem Sieb kalt abbrausen.

1 EL Öl in einer weiten Pfanne erhitzen. Weißen Teil der Frühlingszwiebeln darin andünsten. Linsen, Kurkuma und Kreuzkümmel zugeben und unter Rühren kurz mitdünsten. 400 ml Wasser angießen, aufkochen und bei mittlerer Hitze ca. 10 Minuten köcheln lassen. Dabei ab und zu rühren. Spinat zugeben und ca. 2 Minuten garen, bis er zusammengefallen ist. Hafer Cuisine unterrühren, mit Salz, Pfeffer und Zitronensaft würzen.

Feta in acht längliche Stücke schneiden. Ei mit wenig Salz und Pfeffer in einem tiefen Teller verquirlen. Leinsamen auf einen flachen Teller geben. Feta erst durch Ei ziehen, dann im Leinsamen wenden. 1 EL Öl in einer beschichteten Pfanne erhitzen. Feta darin bei starker Hitze pro Seite ca. 2 Minuten braten. Feta mit Spinatlinsen anrichten und mit Frühlingszwiebelgrün bestreut servieren.

PRO PORTION: ca. 585 kcal | **Eiweiß:** 39 g | **Fette:** 36 g | **Kohlenhydrate:** 25 g

Hähnchenkeule mit mediterranem Paprikagemüse

– PROTEINREICH –

Die knusprigen Hähnchenkeulen mit dem bunten Paprikagemüse sind perfekt, wenn es mal etwas festlicher und trotzdem hormonfreundlich sein soll.

FÜR 2 PORTIONEN
55 MINUTEN

2 EL gehackte Petersilie
2 TL Bio-Weidebutter
2 Hähnchenkeulen (à ca. 200 g)
1 TL edelsüßes Paprikapulver
Salz
Pfeffer
1 kleine Zwiebel
1 Knoblauchzehe
2 rote und 1 gelbe Paprikaschote
2 Zweige Rosmarin
1 EL Olivenöl
2 EL Ajvar
2 EL Orangensaft
1 Glas weiße Bohnen (230 g Abtropfgewicht)
50 g grüne Oliven (entsteint)

Backofen auf 180 °C (160 °C Umluft) vorheizen. Petersilie mit 1 TL Butter mischen. Haut der Hähnchenkeulen vorsichtig vom Fleisch lösen, Butter zwischen Haut und Fleisch verteilen. 1 TL Butter schmelzen, mit Paprika mischen, Keulen damit bestreichen, mit Salz und Pfeffer würzen. Die Keulen auf einen Gitterrost legen und über einer Fettpfanne in den Ofen geben. Im heißen Ofen ca. 45 Minuten garen.

Inzwischen Zwiebel und Knoblauch schälen und fein würfeln. Paprika putzen, waschen und in schmale Streifen schneiden. Rosmarin waschen, trocken schütteln. Nadeln von den Stielen zupfen und hacken.

Öl in einer tiefen Pfanne erhitzen, Zwiebel und Knoblauch darin andünsten. Paprika und Rosmarin zugeben und unter Rühren kurz andünsten. Ajvar, Orangensaft und 2 bis 3 EL Wasser unterrühren, aufkochen und zugedeckt bei mittlerer Hitze ca. 5 Minuten garen, dabei ab und zu umrühren. Evtl. etwas Wasser nachgießen.

Bohnen abgießen, kalt abbrausen und abtropfen lassen. Oliven abtropfen lassen. Beides zur Paprikapfanne geben und alles weitere ca. 5 Minuten zugedeckt dünsten. Mit Salz und Pfeffer abschmecken. Hähnchenkeulen mit dem Paprikagemüse servieren.

PRO PORTION: ca. 555 kcal | Eiweiß: 44 g | Fette: 26 g | Kohlenhydrate: 34 g

Kichererbsenpuffer mit Brokkolisalat

– VEGETARISCH –

Brokkoli ist für mich ein echtes Superfood. Er unterstützt deinen Körper mit den hohen Hormonleveln in der Lutealphase ganz wunderbar.

FÜR 2 PORTIONEN
30 MINUTEN

1 Glas Kichererbsen (230 g Abtropfgewicht)
75 g Feta (Schafskäse)
3 Stiele Minze
30 g glutenfreie Haferflocken
20 g gemahlene Flohsamenschalen
1 TL Backpulver
2 Eier
Salz
Pfeffer
4 EL Olivenöl
400 g TK-Brokkoli
100 g Tomaten
1 EL heller Balsamicoessig

Kichererbsen abgießen und abtropfen lassen. Feta klein würfeln. Minze waschen, trocken schütteln, Blätter von den Stielen zupfen und fein hacken. Haferflocken im Blitzhacker zu Mehl mahlen, mit Flohsamen und Backpulver in einer Rührschüssel mischen. Eier zugeben und zum glatten Teig verrühren. Mit ½ TL Salz und Pfeffer würzen. Kichererbsen, Feta und Minze untermischen. Teig mit dem Stabmixer grob pürieren, sodass noch kleine Stücke zu sehen sind.

1 EL Öl in einer großen beschichteten Pfanne erhitzen. Aus dem Teig darin portionsweise ca. 12 Puffer backen. Dazu pro Puffer 1 gehäuften EL Teig in die Pfanne geben, flach streichen und pro Seite 3 bis 4 Minuten goldbraun braten. Auf Küchenpapier abtropfen lassen.

Während die Puffer braten, Brokkoli nach Packungsanweisung garen. Für das Dressing Tomaten waschen und auf der groben Seite einer Haushaltsreibe in eine Schüssel reiben, sodass die Haut übrig bleibt. Essig, Salz und Pfeffer unterrühren, dann nach und nach 3 EL Öl unterschlagen. Brokkoli noch warm unter das Dressing mischen und zu den Puffern servieren.

PRO PORTION: ca. 545 kcal | Eiweiß: 25 g | Fette: 32 g | Kohlenhydrate: 34 g

Blumenkohl-Hirse-Taboulé mit Hackbällchen

– PROTEINREICH –

Zum leichten Taboulé gibt es hier leckere Hackbällchen. Damit ist das Gericht ideal für den großen Hunger und den erhöhten Kalorienbedarf in der Lutealphase.

FÜR 2 PORTIONEN
35 MINUTEN

80 g Hirse
Salz
300 g Blumenkohlröschen (geputzt gewogen)
1 EL + 1 TL Olivenöl
1–2 TL Zitronensaft
Pfeffer
¼ TL gemahlener Kreuzkümmel
30 g Mandeln mit Haut
½ Bund Petersilie
1 rote Spitzpaprika
½ Salatgurke
2 Frühlingszwiebeln
150 g Bio-Rinderhackfleisch
2 EL geschroteter Leinsamen
50 g Schafquark natur (mind. 20 % Fett i. Tr.)
1 TL Ajvar

Hirse unter kaltem Wasser abbrausen. Mit 200 ml Wasser und Salz in einen kleinen Topf geben, aufkochen und zugedeckt bei kleiner Hitze ca. 15 Minuten köcheln lassen. Vom Herd nehmen, zugedeckt 10 Minuten quellen lassen.

Blumenkohl waschen und trocken tupfen. Portionsweise im Blitzhacker oder Mixer auf Couscousgröße zerkleinern, mit 1 EL Öl in eine Pfanne geben und unter Rühren 3 bis 4 Minuten braten. Evtl. 1 bis 2 EL Wasser zugeben. Mit Zitronensaft, Salz, Pfeffer und Kreuzkümmel würzen. In eine Schüssel füllen und abkühlen lassen.

Mandeln in der Pfanne ohne weiteres Fett rösten, bis sie duften. Herausnehmen und hacken. Petersilie waschen, trocken schütteln, Blätter abzupfen und fein hacken. Paprika putzen, waschen und klein würfeln. Gurke putzen, waschen, entkernen und in schmale Scheiben schneiden. Frühlingszwiebeln putzen, waschen und klein schneiden. Gegarte Hirse, Mandeln, Petersilie und Gemüse unter den Blumenkohl mischen. Salat abschmecken.

Hack mit Leinsamen, Quark, Ajvar, Salz und Pfeffer zu einer glatten Masse verkneten. Mit angefeuchteten Händen etwa walnussgroße Hackbällchen formen. 1 TL Öl in einer beschichteten Pfanne erhitzen. Hackbällchen darin 8 bis 10 Minuten rundum braten. Salat mit Hackbällchen anrichten und servieren.

PRO PORTION: ca. 590 kcal | Eiweiß: 33 g | Fette: 32 g | Kohlenhydrate: 41 g

Nusscrossies

— VEGETARISCH —

Ein perfekter Snack bei und gegen Heißhunger, den wir in der vierten Zyklusphase öfter spüren. Bei der Auswahl der Kerne kannst du gern variieren.

FÜR CA. 24 STÜCK
20 MINUTEN + 1 STUNDE KÜHLEN

100 g Zartbitterschokolade (mind. 75 % Kakaoanteil)
1 EL Kokosöl
¼ TL Zimt
40 g Walnusskerne
40 g Mandelstifte
20 g Kürbiskerne
1 TL geschälte Hanfsamen

Schokolade grob hacken und mit Kokosöl in eine Metallschüssel geben. Über dem heißen Wasserbad unter Rühren schmelzen. Zimt einrühren.

Walnüsse grob hacken und mit Mandelstiften, Kürbiskernen und Hanfsamen mischen. Zur flüssigen Schokolade geben und mit einem Löffel gut untermischen, sodass alles von der Schokolade überzogen ist

Ein Tablett mit Backpapier auslegen. Die Masse mithilfe von zwei Teelöffeln in ca. 24 Häufchen auf das Backpapier setzen. Dazu pro Crossie ca. 1 gehäuften TL der Masse verwenden.

Das Tablett in den Kühlschrank stellen und die Crossies mindestens 1 Stunde fest werden lassen. Fertige Crossies vom Backpapier lösen und in eine Vorratsdose oder ein Vorratsglas füllen.

MEAL PREP: Die Nusscrossies bleiben gut verpackt im Kühlschrank mindestens 2 Wochen frisch.

PRO STÜCK: ca. 50 kcal | Eiweiß: 1 g | Fette: 4 g | Kohlenhydrate: 2 g

Grüner Proteinsmoothie

— GEHT SCHNELL —

Dieser Smoothie liefert dir nicht nur tolle Nährstoffe, sondern unterstützt auch ganz wunderbar deine Entgiftung und somit auch deine Hormonbalance. Ich trinke ihn gerne in der Kombination mit Ananas.

FÜR 2 PORTIONEN
10 MINUTEN

100 g Babyspinat
4 Stangen Staudensellerie
2 Kiwis
100 g TK-Blumenkohl
2 EL geschroteter Leinsamen
4 TL Kürbiskerne
30 g Proteinpulver
4 TL Zitronensaft

Spinat verlesen, waschen und abtropfen lassen. Sellerie putzen, waschen, entfädeln und grob schneiden. Kiwis schälen und in grobe Stücke schneiden.

Vorbereitete Zutaten mit gefrorenem Blumenkohl, den übrigen Zutaten und 400 bis 450 ml Wasser in einen leistungsstarken Mixer geben und fein pürieren. Je nach gewünschter Konsistenz noch mit mehr Wasser verdünnen.

Smoothie in Gläser füllen und sofort servieren.

AUCH LECKER: Der grüne Smoothie lässt sich wunderbar variieren. Probiere aus, was dir schmeckt. Geeignete Früchte sind zum Beispiel Ananas, Banane oder Birne, als Gemüse passen Mangold, Grünkohl, Romanasalat oder Avocado sehr gut.

PRO PORTION: ca. 225 kcal | Eiweiß: 18 g | Fette: 11 g | Kohlenhydrate: 11 g

Hinweis

Die Quellen, die ich für dieses Buch verwendet habe, wurden in einer separaten Datei zusammengestellt. Du kannst sie hier herunterladen:
hannah-willemsen.com/zyklus-balance/quellen

Sachregister

Rezepte von A bis Z

Rezepte nach Zutaten

ZUR AUTORIN

Hannah Willemsen ist Ernährungsberaterin, sie betreibt den Podcast „Health Secrets" und ist Mama von zwei Kindern. Beim Ernährungscoaching sind ihre Schwerpunkte Hormonfood, zyklussynchrones Leben und Darmgesundheit. In ihrem Podcast sind besonders die Zyklus-Themen sehr beliebt, was sie zu diesem Buch inspiriert hat. Sie bietet auch Workshops und individuelles Mentoring für Frauen an.

FOOD FOTOS

Im Buch enthaltene Fotos können zur eigenen Nutzung erworben werden unter *www.stockfood.de*

IMPRESSUM

Hinter jedem tollen Buch steckt ein starkes Team
Projektleitung: *Nadine Widl*
Rezepte: *Inga Pfannebecker*
Lektorat: *Annette Gillich-Beltz*
Cover- und Umschlaggestaltung: *Ina Zimmermann*
Grafische Gestaltung und Satz: *31Media GmbH, Stephanie Willing*
Peoplefotografie: *31Media GmbH, Ben Fuchs*
Fotoassistenz: *31Media GmbH, Simon Salzig*
Styling: *31Media GmbH, Linda Burmeister*
Foodfotografie: *Kathrin Winner*
Foodstyling: *Sven Dittmann*
Herstellung: *Frank Jansen*
Producing: *Jan Russok*
Druck & Bindung: *optimal media GmbH, Röbel*

1. Auflage 2024

Kaiserstraße 14 b
D-80801 München
ISBN: 978-3-96584-407-0

HINWEIS

Die Ratschläge in diesem Buch wurden mit größter Sorgfalt von Autorin und Verlag erarbeitet und geprüft. Eine Garantie kann jedoch nicht übernommen werden. Ebenso ist eine Haftung der Autorin bzw. des Verlags und seiner Beauftragten für Personen-, Sach- oder Vermögensschäden ausgeschlossen. Erkrankungen mit ernstem Hintergrund gehören in ärztliche Behandlung! Bei bereits bestehenden Beschwerden kann das Buch daher keinen fachärztlichen Rat ersetzen.

LIEBE LESERINNEN, LIEBE LESER,

wie schön, dass Sie ein Buch von ZS in den Händen halten. „Jetzt leben!" ist das Motto unseres Verlages. Es steht für Genuss und Inspiration, Unterstützung und Motivation. Ob Kulinarik oder Fitness, Gesundheit oder Lebenshilfe — seit über 30 Jahren bieten wir kompetente Ratgeber für (fast) alle Lebenslagen. Wir lieben Tradition genauso wie Innovation — sie treiben uns an. Unsere Autorinnen und Autoren sind Menschen, die zu ihrem Thema wirklich etwas zu sagen und zu schreiben haben. Unsere Produkte sind erzählerisch, appetitmachend und als gedruckte Bücher haptisch echte Erlebnisse. Für Sie mit ganz viel Liebe gemacht! Entdecken Sie mehr aus unserer wunderbaren Welt!

UNSER VERLAGSHAUS

Mit Standorten in Hamburg und München zählt die Edel Verlagsgruppe zu den größten unabhängigen Buchanbietern Deutschlands. Zur Gruppe gehören die Verlage Dr. Oetker Verlag, Edel Sports, KARIBU und ZS.

ZS - Ein Verlag der Edel Verlagsgruppe
www.zsverlag.de
www.facebook.com/zsverlag
www.instagram.com/zsverlag

FÜR DIE UMWELT

ZS unterstützt bei der Produktion dieses Buches das Projekt „Junge Riesen für die nächsten 100 Jahre" im Naturpark Nossentiner/Schwinzer Heide. Damit wird ein Anteil der unvermeidbaren CO2-Emissionen im direkten Umfeld des Produktionsstandortes kompensiert.

PARTNER Naturpark Nossentiner / Schwinzer Heide